DICIONÁRIO DE APOLOGÉTICA E FILOSOFIA DA RELIGIÃO

DICIONÁRIO DE APOLOGÉTICA E FILOSOFIA DA RELIGIÃO

Tradução
Rogério Portella

Editora
Vida

Vida

EDITORA VIDA
Rua Júlio de Castilhos, 280
Belenzinho
CEP 03059-000 São Paulo, SP
Tel.: 0 xx 11 2618 7000
Fax: 0 xx 11 2618 7044
www.editoravida.com.br

Coordenação editorial: Aldo Menezes
Edição: Michel Facchini
Revisão: Lena Aranha
Capa: Marcelo Mosacheta
Projeto gráfico: Imprensa da fé
Diagramação: Set-up Time Artes Gráficas

©2002, de C. Stephen Evans

Título do original
Pocket dictionary of apologetics and philosophy of religion,
edição publicada pela INTERVARSITY PRESS
(Downers Grove, Illinois, EUA)

∎

Todos os direitos em língua portuguesa reservados por Editora Vida.

PROIBIDA A REPRODUÇÃO POR QUAISQUER MEIOS, SALVO EM BREVES CITAÇÕES, COM INDICAÇÃO DA FONTE.

∎

Scripture quotations taken from *Bíblia Sagrada, Nova Versão Internacional, NVI* ®
Copyright © 1993, 2000 by International Bible Society ®.
Used by permission IBS-STL U.S. All rights reserved worldwide.
Edição publicada por Editora Vida, salvo indicação em contrário.

**Dados Internacionais de Catalogação na Publicação (CIP)
(Câmara Brasileira do Livro, SP, Brasil)**

Evans, C. Stephen
  Dicionário de apologética e filosofia da religião / C. Stephen Evans ; tradução Rogério Portella — São Paulo : Editora Vida, 2004.

  Título original: Pocket dictionary of apologetics and philosophy of religion

  ISBN 978-85-7367-654-9

  1. Apologética - Dicionários 2. Religião - Filosofia - Dicionários I. Título.

04-4068   CDD-210.3

Índices para catálogo sistemático

1. Filosofia da religião : Dicionários 210.3
2. Religião : Filosofia : Dicionários 210.3

Prefácio

O tempo empregado na filosofia da religião é proveitoso para o cristão. Ao formar-me, em 1969, o número de cristãos que cursavam filosofia era pequeno, e sua influência, menor ainda. Tive o privilégio de viver numa época em que diversas pessoas receberam de Deus vocação para trabalhar nesse campo. Evidência disso é o fato de a Society of Christian Philosophers [Sociedade de Filósofos Cristãos] possuir atualmente mais de 1 200 membros. A filosofia da religião e a apologética floresceram de forma que seria inimaginável há cinqüenta anos.

Muitos trabalhos realizados nessa área podem despertar o interesse de cristãos leigos de vários campos. Contudo, a filosofia da religião e a apologética, como outras áreas do saber, têm sua linguagem técnica, impossibilitando a leitura fluente de livros especializados. Este pequeno dicionário objetiva definir alguns termos-chave necessários para se entender os filósofos e os teólogos que escrevem sobre o assunto. Esforcei-me para ser claro e conciso. Em alguns casos, entretanto, estendi-me além das definições mínimas, para oferecer explicações mais acuradas sobre termos importantes. Embora esteja certo da exposição de minhas tendências, e apesar de este livro ter sido escrito por alguém claramente comprometido com a fé cristã histórica, tentei ser justo em relação aos temas controversos, particularmente nos pontos em que há desentendimento entre os cristãos.

Esta obra tem como fonte de inspiração o *Dicionário de teologia* (publicado por esta Editora), e desejo agradecer a Stanley Grenz, David Guretzki e Cherith Fee Nordling tanto pelo modelo fornecido a este livro quanto pelo *insight* acerca de alguns termos sobrepostos. Segui o formato do trabalho deles: todas as palavras, as frases e os nomes estão dispostos em ordem alfabética. Preferi, contudo, incluir mais nomes próprios do que seria esperado num dicionário por acreditar ser necessário o conhecimento das obras clássicas e contemporâneas de importantes filósofos e teólogos para a compreensão da apologética e da filosofia da religião.

Numa obra de consulta como esta, é fundamental um sistema de referências cruzadas. Os vocábulos ou expressões em VERSALETE indicam a existência deles como verbete separado neste dicionário. *Veja (v.)* e *veja também (v. tb.)* remetem o leitor a verbetes que contêm informação adicional.

Espero (e oro por isto) que esta obra seja útil para os interessados no estudo sério de assuntos religiosos e teológicos, especialmente para quem é parte da igreja de Deus. Em meu ensaio *Why believe?* [*Por que crer?*], chamo a atenção para a supervalorização da importância da apologética. Não creio que todos os cristãos devam explorar tais assuntos para poderem ter fé racional em Deus, como revelada em Jesus de Nazaré. Todavia estou convencido de que a reflexão séria e honesta sobre o que e por que crêem os cristãos pode ser muito benéfica para a igreja, e ficarei muito feliz se este dicionário contribuir, modestamente, para alcançar esse objetivo.

C. Stephen Evans

A

a posteriori, a priori. Termos usados para descrever a condição lógica de proposições e argumentações quanto à dependência, ou independência, da experiência sensorial. A proposição *a posteriori* tem fundamentação na experiência. A proposição *a priori* independe da experiência sensorial para ser definida como verdadeira. A maior parte dos filósofos concorda que proposições analíticas (como: "Todos os bacharéis são solteiros"), podem ser conhecidas *a priori*, porque sua veracidade não pode ser afetada por quaisquer observações empíricas. Discute-se, porém, o *status* de proposições matemáticas e metafísicas (como: "Tudo o que tem início tem uma causa").

Abelardo, Pedro (1079-1142). Filósofo e teólogo escolástico francês, que fez importantes contribuições para o desenvolvimento da lógica e da filosofia da linguagem. Ele ofereceu também explicações notáveis sobre a TRINDADE e a EXPIAÇÃO. Também é conhecido por seu trágico caso amoroso com Heloísa (c. 1117). Foi o primeiro filósofo ocidental, na Idade Média, a usar o *Organon* de ARISTÓTELES.

ação (divina e humana). Tipo de ocorrência originada por pessoas conhecidas por "agentes", isto é, seres conscientes e intencionados. Assim, a ocorrência de meu braço sendo erguido, quando é conseqüência de minha intenção de levantá-lo, constitui um ato ou ação. (Quando alguém tem o braço levantado por uma corda contra sua vontade não constitui ação.) Várias ações são realizadas por intermédio de outras ações. Por exemplo: acendo a luz ligando o interruptor. Todavia, nem todas elas são do mesmo tipo; algumas são "básicas". Uma ação é básica quando temos de realizá-la para que ela realize outra, podendo resultar num infinito retornar. Os filósofos debatem se as ações básicas são uma espécie de movimento corporal ou se tais movimentos decorrem de algo ainda mais básico — de uma ação mental de querer, ou de volição. As ações são normalmente feitas por um motivo; existe também controvérsia sobre como explicá-las. Os motivos devem ser entendidos como causas? Discute-se também se todas as ações são determinadas por causas. (V. DETERMINISMO; LIVRE-ARBÍTRIO.) Pensar em Deus como agente pessoal é atribuir-lhe também a habilidade de agir. As discussões, nesse ponto, ligam-se à questão se Deus é atemporal ou eterno; ele realiza tudo numa ação eterna, ou é capaz de agir seqüencialmente? (V. ETERNIDADE/ PARA SEMPRE.) Como as ações de Deus se relacionam com sua vontade e intelecto? Elas devem ser relacionadas à CRIAÇÃO e à PROVIDÊNCIA e ligadas a atos especiais, como os MILAGRES. (V. tb. AÇÃO DIVINA.)

ação divina. Acontecimentos realizados por Deus, entendido como agente intencional. É característica tanto da narrativa bíblica quanto do teísmo clássico identificar Deus como um ser que age. Os teólogos tradicionais fazem distinção entre as ações divinas de criar e conservar o mundo com sua providência e as ações divinas em pontos específicos da história, que se relacionam à PROVIDÊNCIA especial, ou particular, e aos MILAGRES. Alguns teólogos contemporâneos não descrevem Deus como agente intencional, considerando, assim, todas as narrativas sobre a ação divina como metafóricas. Outros estão dispostos a aceitar a atividade divina concernente à CRIAÇÃO, mas afirmam que "atos especiais" são efetuados por meio da ordem natural ainda que tenham uma função reveladora especial. Continuam as discussões filosóficas acerca das implicações da ação divina na relação de Deus com o tempo e o espaço. (V. tb. AÇÃO [DIVINA E HUMANA].)

adoração. Culto e louvor prestado a DEUS, que lhe atribui o valor e a dignidade merecidos. A adoração inclui o reconhecimento da dependência pessoal de Deus e é inspirada pela grandiosidade divina bem como por sua bondade, estendida ao adorador e a outras pessoas. Os teólogos declaram comumente que Deus não exige a adoração dos seres humanos por necessidade de ser louvado, mas porque a adoração aprofunda nosso relacionamento com ele e faz parte de nossa realização pessoal.

agapismo. Tipo de tradição ética centrada no entendimento cristão do AMOR *ágape* (o amor ao "próximo", altruísta) contrastado com *philia* (amor fraternal) e *eros* (forma de amor que envolve o desejo, como o amor romântico). O agapismo destaca os mandamentos sobre o amor encontrados em Mateus 22.37-40, bem como seu aspecto central nos demais escritos do Novo Testamento. Apesar de haver uma antiga tradição de reflexão cristã sobre o tema, o livro de Anders Nygren, *Agape and Eros* [*Ágape e Eros*] (1930), é uma inspiradora apresentação do agapismo na ÉTICA, apesar de ter sido muito criticado.

agnosticismo. Conceito que não afirma a crença em Deus (TEÍSMO) nem nega a existência dele (ATEÍSMO), mas evita o juízo de valores. É útil para distinguir o "agnóstico modesto" — que se diz incapaz de resolver a questão da existência de Deus — do "agnóstico militante" — que afirma a impossibilidade de decidir essa questão e advoga a suspensão do juízo de valores como única postura racional. (V. tb. CRENÇA; DÚVIDA.)

Agostinho (354-430). Filósofo, teólogo e o mais influente pai da igreja latina (ocidental). Depois de sua conversão, memoravelmente contada na autobiografia intitulada *Confissões*, Agostinho tornou-se sacerdote e, logo após, bispo de Hipona, no norte da África. Dentre suas obras mais conhecidas destacam-se *Sobre a Trindade* e CIDADE DE DEUS (que descreve a história humana como uma luta contínua entre dois reinos — a cidade de Deus e a cidade do homem). Agostinho é o membro mais destacado da grande tradição do platonismo cristão, e seu pensamento influenciou decisivamente tanto os escolásticos da Idade Média quanto os reformadores protestantes.

aliança. Relacionamento no qual duas ou mais partes comprometem-se mutuamente. O relacionamento da aliança ultrapassa o mero relacionamento contratual pela formação de laços genuínos entre as partes. Na teologia, refere-se ao ato divino gracioso de estabelecer relações reais com as criaturas humanas. Os teólogos da TRADIÇÃO REFORMADA enfatizam especialmente os conceitos de *aliança* e *povo da aliança* como forma de compreender a narrativa bíblica.

alma. A pessoa, entendida como ser consciente e responsável. Muitos filósofos, a partir de PLATÃO, bem como vários teólogos cristãos, têm acreditado que a alma, nesse sentido, é um ente capaz de se separar do corpo no momento da morte e (segundo Platão) reencarnar ou (para os cristaos) ressuscitar ou retomar o corpo algum tempo mais tarde. Diversos filósofos contemporâneos têm rejeitado esse quadro dualista sobre a alma do homem em favor do MATERIALISMO. Surpreendentemente, muitos teólogos concordam com essa visão e declaram que o dualismo é mais grego do que bíblico, apesar de não estar claro como a visão materialista lida com a doutrina cristã da vida após a morte, particularmente no estado intermediário entre a morte e a ressurreição. (V. tb. DUALISMO; REENCARNAÇÃO; RESSURREIÇÃO.)

Alston, William (1921-). Destacado filósofo cristão americano na área da EPISTEMOLOGIA, filosofia da linguagem, filosofia da percepção e FILOSOFIA DA RELIGIÃO. Alston integrou o grupo que desenvolveu (com Alvin PLANTINGA e Nicholas WOLTERSTORFF) a EPISTEMOLOGIA REFORMADA. Ele foi também um dos principais promotores da fundação da Society of Christian Philosophers [Sociedade de Filósofos Cristãos], à qual serviu como primeiro presidente, bem como dirigiu seu primeiro periódico *Faith and philosophy* [*Fé e filosofia*].

amor. A principal característica divina. O amor, a FÉ e a ESPERANÇA são as VIRTUDES cardeais do cristianismo. Teólogos cristãos distinguem o conceito do amor em três tipos: erótico, fraterno e altruísta, ou amor ao próximo, o que mais se assemelha ao amor divino em Jesus, que desceu do céu e sacrificou sua vida por seres humanos rebelados contra Deus. (V. tb. AGAPISMO.)

analogia da fé. Concepção de que a interpretação das Escrituras deve ser governada pela FÉ. Para AGOSTINHO, isso significava que as Escrituras deveriam ser interpretadas de acordo com a "regra da fé", ou seja, os ensinamentos da igreja baseados nos credos. Para Martinho LUTERO, a analogia da fé estava ligada à pessoa de Cristo — todos os livros da Escritura deveriam ser interpretados como testemunhos de Cristo. Para João CALVINO, o princípio implícito era de que a interpretação devia ser moldada pelo Espírito que inspirou a composição das Escrituras. Em todos esses casos, algumas partes das Escrituras são destacadas por serem mais claras e conclusivas que as demais, e devem ser usadas para interpretar as passagens mais difíceis. (V. tb. HERMENÊUTICA.)

analogia do ser. Conceito de que o mundo reflete seu Criador de modo suficiente, de tal forma que a linguagem usada para descrevê-lo pode ser aplicada analogicamente a Deus (apesar de Deus ser infinito e ter criado o mundo finito). Essa perspectiva é geralmente associada a argumentos filosóficos favoráveis à existência de Deus. (V. ARGUMENTOS TEÍSTICOS). A similaridade analógica é geralmente considerada válida em relação aos seres humanos pelo fato de terem sido criados à IMAGEM DE DEUS. A analogia do ser foi rejeitada por Karl BARTH e pelos críticos da TEOLOGIA NATURAL. (V. tb. PREDICAÇÃO ANALÓGICA.)

animismo. Modo de pensar que considera o mundo natural habitado por poderes e forças espirituais que o controlam. Por essa razão, o animista admite a habitação dos espíritos não somente em animais e seres humanos, mas também em árvores, rios e outros entes da natureza.

anjos. Criaturas espirituais poderosas que servem como mensageiros e agentes de Deus. Apesar de os anjos poderem assumir forma corporal, muitos filósofos, que acreditam em sua existência, consideram os anjos seres imateriais. Outros, que os vêem como pessoas, também crêem em anjos caídos, ou DEMÔNIOS, que se rebelaram contra a autoridade divina, tendo Satanás por líder.

Anselmo (1033-1109). Arcebispo de Cantuária, notório pela elaboração do ARGUMENTO ONTOLÓGICO sobre a existência de Deus (na obra *Proslógio*) e pela formulação clássica da doutrina da EXPIAÇÃO, que vê no sacrifício de Cristo satisfação pelo PECADO humano (na obra *Cur Deus homo*). Anselmo foi seguidor de AGOSTINHO e continuou a tradição da "fé à procura de entendimento".

anti-realismo. Teoria filosófica que nega a existência independente, em relação à mente humana, de alguns seres ou de todos, indistintamente. O primeiro tipo de anti-realismo pode ser denominado regional; o outro é o global. Exemplos de anti-realistas regionais são os filósofos que rejeitam a realidade independente dos números, os entes abstratos em geral e as entidades teóricas inobserváveis nas ciências. Os anti-realistas globais, influenciados por Immanuel KANT, argúem que os seres humanos não podem conhecer a realidade como ela é, independente de nossos conceitos. (V. tb. IDEALISMO; REALISMO.)

antítese. Termo geralmente usado em exposições populares da lógica dialética de Georg W. F. HEGEL, apesar de seu uso raro por parte dele. A lógica dialética de Hegel faz muito uso de tríades, nas quais o segundo elemento solapa ou nega o primeiro elemento, a "tese", tornando-se, portanto, sua "antítese". Essa oposição é, por sua vez, vencida pelo terceiro elemento, a "síntese", que supostamente deve capturar a verdade expressa unilateralmente pelos primeiros dois elementos, superando-os. (V. DIALÉTICA.) O termo é usado também na teologia reformada pelos seguidores de Abraham Kuyper, teólogo e estadista holandês, para designar o contraste agudo entre os padrões de pensamento fiéis a Deus e os moldados pela rebelião pecaminosa.

antropomorfismo. Tendência humana de enxergar as coisas análogas a si mesmo. É por isso que as pessoas descrevem seus animais de estimação em termos exageradamente antropomórficos. Na FILOSOFIA DA RELIGIÃO, o termo antropomorfismo é muito usado de maneira crítica para referir-se aos pontos de vista sobre Deus que o tornam familiar demais aos seres humanos finitos. Ludwig FEUERBACH afirmou que toda teologia é antropomórfica, já que Deus é, essencialmente, a projeção do potencial humano não alcançado.

apologética. Defesa racional da fé cristã. Historicamente, têm sido oferecidas argumentações apologéticas de vários tipos: provas filosóficas da existência de Deus; da compatibilidade da existência divina com o sofrimento e o mal; argumentos históricos sobre MILAGRES e profecias cumpridas; proposições com base na EXPERIÊNCIA RELIGIOSA, incluindo o misticismo.

(V. PROFECIA; MAL, PROBLEMA DO; MISTICISMO; ARGUMENTOS TEÍSTICOS.) Algumas pessoas fazem distinção entre apologética positiva, que se propõe a provar a verdade do cristianismo, e apologética negativa, que apenas procura remover as barreiras à fé respondendo às críticas.

argumento cosmológico *kalam*. Versão do argumento da primeira causa em favor da existência de Deus, desenvolvido por pensadores islâmicos, segundo o qual o mundo deve ter tido um princípio e Deus deve existir como a causa desse princípio. Defendido no século XX por William Craig. (V. tb. ARGUMENTOS COSMOLÓGICOS; FILOSOFIA ISLÂMICA; ARGUMENTOS TEÍSTICOS.)

argumento da aposta. Argumento desenvolvido por Blaise PASCAL, que encoraja o descrente a tentar desenvolver FÉ em Deus mesmo que a evidência favorável à existência dele não seja definitiva. Pascal comparou a crença e a descrença em Deus a uma aposta e destacou as perdas e ganhos potenciais de cada escolha. Se alguém aposta em Deus e está errado, perderá somente prazeres de pouco valor provenientes de pecados que poderiam ter sido cometidos nesta vida. Mas se apostar em Deus e estiver certo, ganhará a bem-aventurança eterna. Os ganhos e perdas potenciais são, assim, incrivelmente desproporcionais, e Pascal incentivava os incrédulos a orar, assistir à missa e a fazer o que fosse necessário para desenvolver a fé.

argumento de desígnio. (V. ARGUMENTO TELEOLÓGICO.)

argumento dedutivo. Cadeia de raciocínios na qual uma série de proposições (premissas), se verdadeiras, implicam necessariamente a verdade de outra proposição (conclusão) em virtude de certos princípios lógicos ou regras de inferência. O argumento dedutivo é logicamente *válido* quando a verdade das premissas implica necessariamente a verdade da conclusão, de modo independente da veracidade das premissas. Se um argumento é logicamente válido, logo todos os outros argumentos que possuem a mesma forma lógica também serão válidos. O argumento dedutivo é logicamente *legítimo* quando todas suas premissas são verdadeiras e ele é logicamente válido. Exemplos clássicos de raciocínio dedutivo são fornecidos pelos silogismos da lógica tradicional, que incluem os seguintes argumentos: 1. "Todos os seres humanos são mortais. Sócrates é um ser humano; portanto, Sócrates é mortal" (este exemplo se ajusta à fórmula do argumento "Todo A é B; p é A; portanto, p é B"). 2. "Ou George W. Bush é do partido democrata ou Deus existe; George W. Bush não é do partido democrata; portanto, Deus existe" (o argumento é: "Ou p ou q; não p; portanto, q"). (V. tb. RACIOCÍNIO INDUTIVO.)

argumento do Deus-das-lacunas. Tipo de argumento que invoca Deus como justificação do que não pode ser explicado de forma natural ou científica. Os críticos desse tipo de argumento afirmam que tal estratégia inevitavelmente tornará o papel desempenhado por Deus cada dia menor à medida que as explicações científicas progredirem. Os críticos do movimento do DESÍGNIO INTELIGENTE alegam que a tentativa de defender uma causa inteligente para a ordem biológica é uma argumentação do tipo do Deus-das-lacunas. Mas os proponentes do desígnio inteligente afirmam que existe evidência empírica positiva em relação à inteligência como a causa de sistemas complexos na natureza.

argumento ontológico. Argumento *A PRIORI* favorável à existência de Deus, segundo o qual o conceito do divino implica sua existência necessária. (V. SER NECESSÁRIO.) ANSELMO é identificado como o idealizador desse argumento por ter afirmado que Deus é "o maior ser concebível" e que um ser que existe unicamente no pensamento não é tal ser. O argumento foi defendido por René DESCARTES e Gottfried LEIBNIZ e atacado por David HUME e Immanuel KANT. No século XX, foi defendido por Alvin PLANTINGA, Norman Malcolm e Charles Hartshorne. Algumas versões dele no século XX destacam que a existência necessária é uma propriedade divina essencial. (V. tb. ARGUMENTOS TEÍSTICOS.)

argumento profético. Tipo de proposição apologética que procura defender o caráter divinamente inspirado dos profetas (e em última análise das Escrituras que registram as profecias), demonstrando que eles predisseram eventos que não poderiam ter sido humanamente previstos. Portanto, o argumento profético apela essencialmente ao MILAGRE. Às vezes esse argumento é usado em sentido inverso. O fato de Jesus ter cumprido certas profecias do Antigo Testamento, por exemplo, é citado para apoiar a afirmação de ser ele o Messias. O argumento profético tornou-se menos popular na época que se caracterizou pela interpretação crítica da Bíblia, que afirma que em várias profecias aparentemente cumpridas foram escritas depois de os fatos profetizados terem ocorrido.

argumento teleológico. Argumento favorável à existência de Deus, tem como ponto de partida o caráter propositado (teleológico) do universo. O argumento é geralmente denominado "argumento do desígnio" e possui versões diferentes. Foi muito popular nos séculos XVIII e início do XIX, mas muitos ateus crêem que ele foi desbancado pelo DARWINISMO. Filósofos da religião como, por exemplo, Richard SWINBURNE, entretanto, desenvolveram versões compatíveis com o darwinismo. (V. tb. DESÍGNIO INTELIGENTE; ARGUMENTOS TEÍSTICOS.)

argumento transcendental. Argumento que considera alguns fenômenos inegáveis e que afirma o que deve ser tomado como verdadeiro A PRIORI, quando esse for o caso. Exemplo clássico é o argumento transcendental de Immanuel KANT, com o qual ele assegura a validade do conhecimento científico e sustenta que a CIÊNCIA é possível, unicamente, se assumirmos que o CONHECIMENTO é baseado nas formas *a priori* intuitivas providas pela mente humana (espaço e tempo) e em categorias *a priori* fornecidas pelo entendimento humano, como a causalidade e a SUBSTÂNCIA.

argumentos cosmológicos. Série de argumentos que defendem que a existência de Deus é a causa primeira e fonte da explicação do cosmo. Os argumentos cosmológicos normalmente valem-se de alguns princípios de explicação, causalidade ou RAZÃO SUFICIENTE. TOMÁS DE AQUINO e Samuel CLARKE são proponentes famosos desse tipo de argumento. (V. tb. ARGUMENTOS TEÍSTAS.)

argumentos de casos cumulativos. Argumentos favoráveis à existência de Deus (ou a qualquer outra afirmação complexa) que não constituem uma prova única e decisiva, mas tentam demonstrar que a existência de Deus tem mais sentido que qualquer hipótese alternativa à luz de toda a evidência disponível. Richard SWINBURNE, por exemplo, apresentou um grande número de argumentos sem nenhuma força decisiva. Mas, pelo fato de que cada argumento possui alguma força como evidência, o caso cumulativo torna provável a existência de Deus.

argumentos de paridade. Tipo de argumento no qual é demonstrado que a crítica de uma concepção aplica-se igualmente a outra, geralmente para o desconforto do crítico original. Na FILOSOFIA DA RELIGIÃO, os argumentos de paridade são freqüentemente efetivos na demonstração de que as críticas da CRENÇA religiosa estão enraizadas em má EPISTEMOLOGIA. Por exemplo, um apologista pode tentar mostrar o quanto um argumento de que alguém não pode crer de modo aceitável em Deus implica também a irracionalidade de crer em outras mentes (como foi feito por Alvin PLANTINGA em *God and other minds* [*Deus e outras mentes*]). Com efeito, o argumento de paridade é uma aplicação da expressão popular "O que é bom para um é bom para o outro".

argumentos morais (para a existência de Deus). Argumentos sobre a necessidade da existência de Deus como fundamento da ordem moral (ou de alguns aspectos dessa ordem, como as obrigações morais) ou como a explicação de certos fatos morais. Por exemplo, algumas pessoas declaram que as obrigações morais consistem em LEIS e que elas requerem um legislador. (V. tb. ARGUMENTOS TEÍSTICOS.)

argumentos teísticos. Argumentos favoráveis à existência de Deus como entendido pelos teístas. (V. TEÍSMO.) Esses argumentos podem ser tomados como provas ou meramente como argumentos que comprovam a existência de Deus ou aumentam a probabilidade ou plausibilidade da crença nele. Entre os argumentos teísticos mais importantes estão o ARGUMENTO ONTOLÓGICO, o ARGUMENTO COSMOLÓGICO, o ARGUMENTO TELEOLÓGICO e o ARGUMENTO MORAL.

Aristóteles (384-322 a.C.). Um dos mais famosos filósofos da Grécia antiga. Apesar de ter sido discípulo de PLATÃO, rejeitou a doutrina das formas transcendentes e afirmou o ponto de vista sobre a existência de propriedades universais imanentes em particulares, que julgava como síntese da forma e da matéria. Aristóteles criou a lógica como disciplina formal e escreveu sobre um amplo espectro de assuntos, incluindo

METAFÍSICA, ÉTICA e um conjunto de temas que hoje seria classificado como CIÊNCIA natural, incluindo biologia e física. Os seguidores de Aristóteles são às vezes denominados peripatéticos pelo hábito do mestre de lecionar enquanto caminhavam pelos jardins do Liceu, sua escola de filosofia em Atenas. (V. tb. FILOSOFIA.)

arminianismo. Sistema doutrinário cristão inspirado no pensamento de Jacó Armínio (1560-1609), teólogo e pastor holandês. Armínio ensinava que a escolha divina para a SALVAÇÃO era condicionada pela PRESCIÊNCIA da livre escolha humana. Apesar de ele mesmo considerar-se seguidor de João CALVINO, suas idéias foram rejeitadas pelo Sínodo de Dort. A relação entre o LIVRE-ARBÍTRIO humano e a GRAÇA eletiva de Deus ainda é assunto de debates acalorados em várias denominações; os que enfatizam o livre-arbítrio são freqüentemente chamados arminianos.

asseidade. Característica divina de ser completamente independente de qualquer outro ser. Tudo depende de Deus; ele não depende de nada além de si mesmo.

ateísmo. Proposição filosófica que nega a realidade do DEUS do TEÍSMO ou de outros seres divinos. (V. tb. AGNOSTICISMO; FÉ.)

atemporalidade. Forma de entender o caráter eterno de Deus. Quem aceita o conceito da IMUTABILIDADE divina geralmente acredita num Deus que transcende completamente o TEMPO, para o qual não existe "antes e depois", apesar de Deus conhecer as relações temporais que todos os acontecimentos possuem entre si. O ponto de vista contrário considera Deus como ser que existe "para sempre" e, portanto, partilha de alguma forma a temporalidade da criação. (V. tb. ETERNIDADE/ PARA SEMPRE.)

atributos de Deus. Características como a ONIPOTÊNCIA (ser todo-poderoso), ONISCIÊNCIA (saber todas as coisas) e ONIPRESENÇA (estar presente em todos os lugares) tradicionalmente atribuídas a DEUS pelos teístas. A partir do século XX, várias pessoas têm questionado se todos os atributos dele são coerentes. Perguntas capciosas têm sido formuladas sobre a IMPASSIBILIDADE, SIMPLICIDADE, ATEMPORALIDADE e a natureza da IMUTABILIDADE.

atributos divinos. (V. ATRIBUTOS DE DEUS.)

atributos teístas. (V. ATRIBUTOS DE DEUS.)

autonomia. Conceito-chave da teoria ética de Immanuel KANT. O filósofo sustentou que a obrigação moral genuína deve ser legislada pela RAZÃO e que, portanto, o agente moral racional é a própria fonte das obrigações morais. Kant acreditava que o indivíduo que se comporta de acordo com a moralidade por temer punição ou desejar recompensa é tido por heterônomo, não autônomo. Alguns teólogos contemporâneos radicais têm argumentado que a própria existência de um Deus criador, ao qual os homens devem se submeter, constitui uma ameaça à autonomia moral humana, e por isso propuseram que Deus deva ser entendido como um símbolo ou uma idéia inventada por nós.

autoridade. A quem se deve submissão ou deferência. Há diferentes categorias; as mais importantes são: moral, política e religiosa. As religiões baseadas em REVELAÇÃO ESPECIAL, como o cristianismo e o islã, fiam-se totalmente na autoridade de suas revelações. Os cristãos têm discordado muitas vezes sobre o *lócus* de autoridade — os protestantes afirmam a Bíblia como única autoridade (*SOLA SCRIPTURA*) e os católicos e ortodoxos dão maior peso à igreja e suas TRADIÇÕES históricas. O debate tem se centrado também nos critérios para o reconhecimento da autoridade válida e da relação entre autoridade e RAZÃO. TOMÁS DE AQUINO afirmou que, apesar de não poder certificar a autoridade de um conteúdo revelado, a razão pode investigar se ele se origina verdadeiramente de Deus por meio de evidências, como os MILAGRES.

Averróis (1126-1198). Filósofo muçulmano, cujos comentários sobre ARISTÓTELES tiveram muita influência sobre pensadores cristãos e judeus na Idade Média. Averróis seguiu Aristóteles ao sustentar que a IMORTALIDADE pertence ao intelecto impessoal. Alguns de seus discípulos cristãos foram acusados de afirmar uma doutrina dúplice, segundo a qual o que é verdadeiro filosoficamente pode não sê-lo na teologia, resolvendo, dessa maneira, o conflito entre a crença cristã na RESSURREIÇÃO pessoal e o conceito aristotélico da inexistência de imortalidade pessoal. (V. tb. ISLÃ; FILOSOFIA ISLÂMICA.)

Avicena (980-1037). Filósofo e médico muçulmano, proponente de uma síntese da metafísica de ARISTÓTELES e do NEOPLATONISMO com o monoteísmo islâmico. Avicena foi o alvo de um ataque feito pelo teólogo Al-Ghazali intitulado *Tahafut al-falasifa* [*Incoerência da filosofia*], que se fundamenta na convicção de que a defesa da eternidade do mundo e da necessidade da CAUSAÇÃO solapa as doutrinas da CRIAÇÃO e da PROVIDÊNCIA. As obras de Avicena exerceram grande influência sobre filósofos muçulmanos, judeus e também cristãos ocidentais, assim que foram traduzidas. (V. tb. ISLÃ; FILOSOFIA ISLÂMICA.)

B

Barth, Karl (1888-1968). Um dos mais importantes teólogos do século XX. Seu comentário sobre *Romanos* (1918) minou a teologia protestante liberal e inspirou o surgimento da NEO-ORTODOXIA, ou teologia dialética, que enfatiza a diferença qualitativa absoluta entre Deus e os homens e o papel essencial da REVELAÇÃO no processo do conhecimento de Deus. Teólogo suíço de língua alemã, Barth, teve papel importante na Igreja Confessante, que se opôs a Adolf Hitler por meio da *Declaração de Barmen*. Sua obra mais abrangente é *Die kirchliche Dogmatik* [*Dogmática cristã*].

behaviorismo. Tentativa de entender os seres humanos por meio de comportamentos observáveis. Existem diferenças entre o behaviorismo científico — programa de pesquisa psicológica limitada ao estímulo e comportamento observável no contexto ambiental —, e o behaviorismo filosófico, que procura entender os estados mentais redutíveis ao comportamento aparente. O behaviorista filosófico, por exemplo, pode associar a dor com a tendência de engajamento em tipos característicos de comportamento, como fazer caretas e chorar. Alguns behavioristas científicos desejam comprometer-se com o behaviorismo metodológico apenas como regra necessária para a ciência, sem negar a existência de estados mentais interiores. O behaviorismo encontra-se hoje em declínio tanto na psicologia como na filosofia devido ao ataque violento da revolução cognitiva, apesar de os funcionalistas ainda enfatizarem o papel do comportamento e dos estímulos (*inputs* e *outputs*) para entender os seres humanos.

beleza, belo. Considerado, hoje, principalmente como um tipo fundamental de valor estético, exemplificado pela natureza e as obras de arte. Muitos pensadores medievais consideravam a beleza uma das características transcendentais (juntamente com a bondade e a unidade) aplicáveis a todos os seres. Uma longa tradição teológica, influenciada pela obra de PLATÃO intitulada *O banquete, ou do amor*, afirma que Deus é a fonte de toda a beleza e que ele pode ser identificado com o belo.

Entre os pensadores posteriores à Idade Média, Jonathan EDWARDS dá grande ênfase à ligação entre Deus e a beleza.

bem. O termo mais comum para designar a aprovação ética. O bem é o que possui valor positivo — para os seres humanos, o que constitui e conduz ao desenvolvimento humano. O "bem" tem um significado moral oposto ao mal, e um não-moral, o oposto do MAL em qualquer sentido. Várias teorias éticas baseiam-se numa teoria do bem. Um exemplo é o hedonista, que associa o bem ao prazer. Os teístas afirmam geralmente que o bem está de alguma forma ligado a Deus, o bem supremo. Para os platônicos, o bem é a forma suprema, o Uno, do qual derivam todos os seres e valores; os cristãos platônicos identificam, naturalmente, o bem com Deus. (V. tb. ÉTICA; MORALIDADE; PLATONISMO.)

Berkeley, George (1685-1753). Bispo anglicano de origem irlandesa, é um dos três grandes filósofos empiristas britânicos (os outros dois são John LOCKE e David HUME). Berkeley tornou-se famoso por sua defesa do IDEALISMO, afirmando a existência única da mente e de fatos e propriedades mentais. Ao rejeitar a existência da matéria e afirmar que "ser é ser percebido", Berkeley esperava destruir a base do ATEÍSMO materialista. (V. tb. EMPIRISMO).

Boaventura (c. 1217-1274). Filósofo e teólogo franciscano da Idade Média que, ao contrário de TOMÁS DE AQUINO, afirmou a possibilidade de se conhecer pela RAZÃO, e não somente pela REVELAÇÃO, que o mundo teve princípio. De sólida formação AGOSTINIANA, Boaventura contribuiu muito para o desenvolvimento da TEOLOGIA FILOSÓFICA, da teologia mística e da espiritualidade franciscana.

Boécio (c. 480-525). Elo importante entre o mundo antigo e o medieval, suas traduções e seus comentários sobre a obra de

ARISTÓTELES constituem quase a única fonte de conhecimento medieval sobre esse filósofo até a metade do século XII. Ele tentou sintetizar as idéias aristotélicas e platônicas; além disso desenvolveu um conceito clássico da ETERNIDADE divina como a posse atemporal e repentina de vida infinita.

Brunner, Emil (1889-1966). Teólogo suíço extremamente influente, a quem (juntamente com Karl BARTH) se credita a paternidade da NEO-ORTODOXIA, ou teologia dialética. Brunner e Barth tiveram um famoso desentendimento acerca da possibilidade da TEOLOGIA NATURAL e do conhecimento religioso natural. Barth sustentou uma posição de absoluta negação, ao passo que Brunner defendeu um ponto de vista mais flexível, que não considera tais empreendimentos completamente sem valor.

Buber, Martin (1878-1965). Um dos principais existencialistas religiosos e proeminente filósofo judeu. Sua obra mais famosa *Eu e tu* faz uma importante distinção entre a relação eu-isto que as pessoas desfrutam com os objetos e o relacionamento dialogal possível entre as pessoas. Buber afirma que os relacionamentos do tipo EU-TU fornecem uma analogia sobre como Deus, o Tu absoluto, pode ser conhecido.

budismo. Religião fundada por Sidarta Gautama, o Buda, o "Iluminado" (c.563-483 a.C.). O budismo destaca o desejo como fonte do sofrimento e identifica a busca pela abnegação como cura para esse mal. O comportamento não-egoísta pode ser alcançado por meio da Senda Óctupla, que liberta o indivíduo da roda da REENCARNAÇÃO, permitindo-lhe atingir o nirvana. O budismo divide-se em dois grupos principais: teravada e maaiana. O budismo maaiana dá mais destaque à figura do próprio Buda como ajudador compassivo.

Bultmann, Rudolf (1884-1976). Estudioso do Novo Testamento e teólogo alemão, fortemente influenciado pela filosofia de

Martin HEIDEGGER. Bultmann foi o pioneiro no uso da crítica da forma (que procura descobrir ditos e tradições orais populares que subjazem ao Novo Testamento e entender o desenvolvimento dessas tradições à luz da conjuntura da igreja primitiva). A teologia de Bultmann incorpora a tentativa de "demitologizar" a estrutura conceitual do Novo Testamento, traduzindo sua mensagem por intermédio do ideário do EXISTENCIALISMO.

Butler, Joseph (1692-1752). Bispo anglicano cujas contribuições foram importantes para a TEOLOGIA e a FILOSOFIA. Sua obra *Analogia da religião natural e revelada* tornou-se famosa no século XVIII pela defesa do cristianismo ortodoxo contra o DEÍSMO. No campo da filosofia moral, Butler escreveu uma aclamada crítica ao HEDONISMO na qual declarou que o prazer não é geralmente o objeto direto do desejo, mas sim um subproduto de outras coisas desejadas pelos seres humanos.

C

cadeia do ser. Elemento-chave na cosmovisão de vários filósofos antigos, medievais e modernos, que afirma o princípio da plenitude na qual todos os seres possíveis devem ser efetivados, do mais baixo ao mais alto. No mundo medieval, por exemplo, era comum pensar-se sobre vários entes como detentores de diferentes graus de ser, das partículas mais insignificantes da matéria, plantas, animais e seres humanos, até os seres angelicais e o próprio Deus, possuidor do mais alto nível do ser. O universo é uma vasta hierarquia de seres, e é bom que todas as posições na hierarquia estejam preenchidas. (V.tb. NEOPLATONISMO.)

Calvino, João (1509-1564). Reformador e teólogo francês, fundador da tradição que hoje é mais fortemente representada pelas igrejas presbiterianas e reformadas. Calvino aprimorou seus conceitos teológicos enquanto ajudava na reforma da cidade suíça de Genebra. (Seguindo essa tradição, os calvinistas têm sempre tentado transformar as várias esferas da sociedade humana.) No pensamento de Calvino sobressaem os conceitos da SOBERANIA divina e das formas pelas quais o PECADO deforma a totalidade da existência humana. Epistemologicamente, o calvinismo enfatiza o senso inato da realidade divina, afetado pelo pecado, a REVELAÇÃO e o testemunho interno do Espírito Santo. (V. tb. TRADIÇÃO REFORMADA.)

Camus, Albert (1913-1960). Ensaísta e novelista francês ligado ao existencialismo, é famoso por sua descrição do absurdo: incongruência entre o eu humano, que exige significado e propósito, e o mundo indiferente, que não oferece nada. Camus descreveu um herói existencialista que obtinha significado da falta de significado do mundo por meio de uma atitude de revolta. Esse herói absurdo entende perfeitamente a futilidade da revolta, mas toma para si o fardo (como Sísifo, que tenta levar uma pedra montanha acima sabendo que a pedra inevitavelmente rolará para baixo novamente). Dessa maneira, ele recusa "o salto" que Camus atribuiu a Søren KIERKEGAARD. Nasceu na Argélia e atuou no movimento de resistência durante a Segunda Guerra Mundial; morreu tragicamente num acidente automobilístico. (V. tb. EXISTENCIALISMO.)

caráter. Conjunto completo de características que compõem a substância intelectual e ética de uma pessoa. O caráter é primariamente o conjunto de disposições comportamentais em determinadas circunstâncias. Para avaliar o caráter de uma pessoa deve-se focalizar suas VIRTUDES, ou excelências, predominantes, em vez de simplesmente observar AÇÕES individuais.

Carnell, Edward John (1919-1967). Um dos principais teólogos evangélicos e apologistas do século XX. Carnell foi o primeiro presidente do Fuller Theological Seminary e um dos líderes que ajudou na diferenciação entre o movimento evangélico e o FUNDAMENTALISMO (ao qual rotulava "cristianismo sectário"). Seus argumentos apologéticos tendiam a ligar a defesa do cristianismo a nossa escala de valores e às próprias pessoas. Carnell foi um dos primeiros evangélicos a escrever sobre Søren KIERKEGAARD.

categorias. Conjunto de conceitos mais elementares do esquema classificatório de um filósofo. O primeiro a desenvolver um conjunto de categorias foi ARISTÓTELES; é constituído por dez itens: substância, relação, quantidade, qualidade, lugar, tempo, característica, posição, agente e paciente. Outra célebre distinção categórica foi formulada por René DESCARTES entre duas espécies fundamentais de substâncias: mental e física. É também famoso o argumento de Immanuel KANT, de que as categorias básicas do entendimento são fornecidas pela mente e que, portanto, é impossível conhecer o mundo como ele é; nós o conhecemos da forma como se encontra estruturado por nossos conceitos fundamentais. Sua classificação inspirou uma variedade de pontos de vista denominados genericamente ANTI-REALISMO.

causa primeira. (V. ARGUMENTOS COSMOLÓGICOS.)

causação. Tipo de relação fundamental expressa por termos como *produzir*, *originar* e *criar*. Os itens relacionados (causas e efeitos) podem ser pessoas, objetos, estados ou acontecimentos. ARISTÓTELES reconheceu quatro tipos de causalidade: eficiente, final, formal e material. David HUME tentou definir a causalidade como a conjunção constante entre tipos diferentes de ocorrências. Filósofos como Thomas REID defenderam um tipo fundamental de causação conhecido por "agente de causalidade", no qual pessoas (não meramente fatos que ocorrem em pessoas) geram efeitos. Importantes disputas filosóficas nessa área incluem discussões sobre o DETERMINISMO (são todos os fatos originados por uma causa, ou as pessoas às vezes possuem LIVRE-ARBÍTRIO?) e o PRINCÍPIO DA RAZÃO SUFICIENTE, que, em algumas de suas formas, sustenta que todos os fatos (pelo menos certo tipo deles) ou todas as substâncias contingentes devem ser causados. Esse princípio desempenha um papel importante nos argumentos COSMOLÓGICOS, ou de causa primeira, sobre a existência de Deus.

ceticismo. Negação do CONHECIMENTO humano genuíno. O ceticismo em relação a alguns campos particulares (como a parapsicologia) distingue-se do ceticismo geral ou universal. Nos tempos antigos, o ceticismo (às vezes denominado pirronismo) foi defendido por filósofos como Sexto Empírico. Os céticos da antiguidade recomendavam sua concepção como forma de obter *ataraxia* (paz de espírito). O ceticismo na filosofia moderna é considerado às vezes uma ferramenta metodológica, como na filosofia de René DESCARTES. Várias tentativas têm sido feitas por filósofos modernos de refutar os argumentos do ceticismo que implicam a impossibilidade de conhecimento do mundo exterior, que outras pessoas possuem mentes ou que a indução pode ser justificada racionalmente. Alguns temas da filosofia contemporânea PÓS-MODERNA ou ANTI-REALISTA são similares aos do ceticismo.

céu. Na TEOLOGIA cristã, o estado final dos que conhecem a Deus e estão unidos a ele em Cristo. Apesar de existir várias imagens do céu nas Escrituras, a maior parte dos teólogos afirma que os seres humanos são atualmente incapazes de compreender a natureza da vida celestial. (V. tb. INFERNO.)

Chesterton, Gilbert K. (1874-1936). Escritor prolífico e original em muitos campos, hoje mais conhecido como apologista cristão e por seus romances policiais com o detetive padre Brown. Algumas das obras mais lidas de Chesterton incluem *Ortodoxia*, *Heretics* [*Heréticos*], *The everlasting man* [*O homem eterno*] e *O homem que foi quinta-feira*. Ele exerceu grande influência sobre C. S. LEWIS.

cidade de Deus, A. Obra clássica de AGOSTINHO de Hipona (escrita entre 413 e 426), em que a história humana é apresentada como uma luta entre o reino da terra, baseado no amor egoísta, e a sociedade estabelecida por Deus, fundamentada na GRAÇA divina.

ciência. Termo derivado da palavra latina *scientia*, que significa CONHECIMENTO, designa a procura pelo conhecimento realizada de forma sistemática e com base empírica. Indica também disciplinas específicas focalizadas em algum tipo de realidade particular, classificadas, com freqüência, como ciências naturais (biologia, química, física, geologia) ou humanas e sociais (economia, sociologia, ciência política, psicologia, antropologia). Na Alemanha e grande parte do resto da Europa, os termos que correspondem a ciência (como *Wissenschaft*) têm um sentido mais amplo e se referem a qualquer padrão organizado de pesquisa acadêmica, incluindo filosofia e crítica literária. A maior parte das discussões sobre a crença religiosa a partir do século XVII é centrada em torno de tensões reais ou supostas entre a ciência e a religião, com destaque especial à TEORIA DA EVOLUÇÃO biológica nos séculos XIX e XX.

cientificismo. Crença de que o conhecimento científico, particularmente o derivado das CIÊNCIAS naturais, é a maior forma, ou a única, de CONHECIMENTO. O cientificismo, portanto, nega que a verdade, em última análise, possa derivar de campos como moral, estética, experiência religiosa e, especialmente, de uma REVELAÇÃO ESPECIAL.

cinco vias. (V. TOMÁS DE AQUINO.)

Clarke, Samuel (1675-1729). Filósofo, teólogo e pregador inglês ligado ao pensamento filosófico de Isaac Newton. Clarke advogou a ortodoxia a partir da cosmovisão RACIONALISTA contra o DEÍSMO e desenvolveu uma versão original e poderosa do ARGUMENTO COSMOLÓGICO. Defendeu também as opiniões de Newton acerca do tempo e do espaço, opostas às de Gottfried LEIBNIZ.

Clemente de Alexandria (c. 150-220). Pai da igreja que, ao contrário de TERTULIANO, assumiu postura favorável à FILOSOFIA e cultura grega. Clemente afirmou que os escritores gregos eram capazes de discernir verdades importantes pelo fato de a sabedoria divina, ou *LOGOS*, estar presente em todos os seres humanos. Clemente opinava que o estudo da filosofia poderia aprofundar o entendimento da REVELAÇÃO, apesar de a filosofia ser inferior e não substituir a revelação.

coerentismo. Teoria epistemológica que defende que a justificação das CRENÇAS consiste nas relações entre elas. Portanto, o adepto dessa teoria nega a existência de qualquer tipo de proposição especial básica ou fundamental. Ao contrário, a estrutura de crenças é como uma teia, na qual algumas crenças são mais importantes do que outras; entretanto, elas dão apoio a outras partes da rede. Formas mais radicais de coerentismo não somente adotam a explicação da justificação, mas também sua exposição acerca da VERDADE (proposições verdadeiras fariam parte do sistema coerente de crenças). (V. tb. EPISTEMOLOGIA.).

cognição, cognitivo. Processo por meio do qual se obtém conhecimento; designa também o que está ligado a esse processo. O cognitivo é cognoscível; portanto, uma proposição cognitiva pode ser verdadeira ou falsa. O POSITIVISMO LÓGICO é caracterizado pela afirmação de que as únicas proposições genuinamente cognitivas (diferentes das analíticas, comprovadas por significado lingüístico) são as verificáveis por meio de experiências sensoriais. Os positivistas alegam que proposições teológicas não passam nesse teste e, portanto, falta-lhes significado cognitivo, ainda que possam ter sentido poético ou emotivo. (V. tb. NÃO-COGNITIVISMO.)

colonialismo, paternalismo, imperialismo. Termos críticos aplicados por multiculturalistas ao trabalho acadêmico permeado de atitudes de superioridade ocidental. Os pontos de vista criticados são geralmente associados, da mesma forma, à dominação masculina.

compatibilismo. Na filosofia da ação, o conceito de que o DETERMINISMO causal é logicamente compatível com o LIVRE-ARBÍTRIO. O compatibilista que aceita o determinismo e o livre-arbítrio é chamado determinista brando. O compatibilismo geralmente define o livre-arbítrio como AÇÃO causada pelos desejos ou vontades individuais, em vez da coação feita por algum poder externo. As possibilidades alternativas aparentemente necessárias para o livre-arbítrio genuíno são tidas pelos compatibilistas por hipotéticas. Por exemplo: a pessoa que deliberadamente dá dinheiro para caridade poderia não tê-lo dado *se* decidisse não fazê-lo ou *se* a situação fosse diferente. Os críticos do compatibilismo argúem que a liberdade genuína requer que o indivíduo tenha mais do que uma possibilidade real no momento da escolha, não meramente possibilidades genéricas, dependentes de outros fatos existentes.

complementaridade. Termo criado pelo físico Niels Bohr (1885-1962) para designar sua teoria de que há descrições do mundo variadas, aparentemente incompatíveis, que são, todavia, verdadeiras, ou pelo menos aceitáveis. O princípio da complementaridade está ligado à mecânica quântica e ao princípio da incerteza, que torna impossível determinar tanto uma localização específica quanto o movimento exato de partículas subatômicas. O exemplo clássico de complementaridade é a forma de definir a luz, que consiste tanto de ondas como de partículas. Alguns teólogos e filósofos tentaram aplicar esse princípio metaforicamente, de forma a considerar que ambas as descrições do mundo, tanto a teológica quanto a filosófica, podem ser verdadeiras.

comunitarismo. Forma de filosofia política, criada provavelmente por Georg W. F. HEGEL. O comunitarismo rejeita o ponto de vista liberal que interpreta os direitos individuais como o fundamento da sociedade, substituindo-o pelo conceito de indivíduos representados pelos grupos que a integram. Os adeptos deste conceito, portanto, preocupam-se em fomentar comunidades e instituições sociais fortes, acreditando que elas podem ter direitos e obrigações inerentes e também criar direitos e obrigações para as pessoas.

conceptualismo. Posição intermediária entre o REALISMO e o NOMINALISMO sobre a questão do estado dos universais como "bondade". O realista afirma que os universais existem objetivamente, de modo independente da mente. O nominalista sustenta que os universais são meramente nomes referentes a um grupo de particulares. O conceptualista assevera que conceitos reais estão associados aos termos universais, mas esses conceitos não existem de modo independente da mente.

confucianismo. Escola chinesa de ensinamentos éticos, políticos e religiosos comumente atribuídos a Confúcio (c. 551-479 a.C.). O confucianismo enfatiza o cultivo de virtudes éticas como nobreza, humanitarismo e o cavalheirismo por meio de rituais. Os deveres éticos no confucianismo dependem da posição social e familiar do indivíduo. Há discussões sobre o caráter religioso do confucianismo, centradas em torno da natureza do *tien* ("céu"), que é, de alguma forma, o fundamento dos deveres éticos. Alguns têm interpretado esse conceito pela via metafísica e transcendente, ao passo que os neoconfucianos tendem a conceber o "céu" como uma forma metafórica de descrever a ordem naturalmente ética das coisas.

conhecimento. CRENÇA verdadeira, garantida ou justificada. Uma pessoa não pode conhecer o que é falso, mas a mera crença verdadeira resultante da sorte ou do palpite tampouco parece constituir-se em conhecimento. A maior parte dos filósofos, portanto, afirma que o conhecimento requer uma crença verdadeira justificada, garantida ou adquirida por meio de um processo confiável, apesar de existir muita controvérsia acerca do que garante ou justifica uma crença.

conhecimento médio. Conhecimento das proposições atualmente denominadas "contrafactuais de liberdade", que tratam sobre como um ser possuidor de independência libertária poderia agir em qualquer situação particular. (V. CONTRAFACTUAIS; LIBERTARISMO [METAFÍSICO].) Por um lado, há o conhecimento médio contrastante com o conhecimento proposicional sobre o caso, e, por outro lado, o conhecimento proposicional sobre o que é possível ou necessariamente verdadeiro. O filósofo Luis de Molina, no século XVI, atribuiu esse tipo de conhecimento a Deus, e o conceito de que Deus possui tal conhecimento é geralmente denominado molinismo. Se Deus tem conhecimento médio, então seria possível que ele criasse um certo mundo e soubesse como as criaturas agiriam nesse mundo sem limitar a liberdade delas. Os proponentes do molinismo acreditam que sua proposição resolve a dificuldade sobre como Deus pode saber acuradamente o que os seres humanos livremente escolherão. (V. tb. DETERMINISMO; PRESCIÊNCIA, DIVINA; LIVRE-ARBÍTRIO.)

conhecimento tácito. Termo usado pelo filósofo da ciência Michael POLANYI para descrever o tipo de CONHECIMENTO secundário que as pessoas possuem, mas que talvez sejam incapazes de articular. Polanyi afirmava que esse tipo de conhecimento, geralmente ignorado pelos filósofos, é essencial para a CIÊNCIA e para vários outros campos. O conhecimento tácito é obtido de modo geral pela participação numa comunidade e geralmente está ligado ao "conhecimento prático" contraposto ao "conhecimento teórico".

consciência. (1) A faculdade que aprova ou desaprova a conduta a partir da perspectiva moral. Joseph BUTLER fez da consciência (entendida como capacidade implantada por Deus) a peça principal de sua teoria moral, afirmando que o fato de seguir a consciência não conduz às melhores conseqüências para todos na longa jornada; a autoridade da consciência é proeminente e não baseada em resultados. Na Idade Média, diversos pensadores descreviam a consciência como a habilidade humana natural de alcançar a ordem moral, mas TOMÁS DE AQUINO descreveu essa habilidade como *synderisis* (habilidade de aplicar princípios morais a situações particulares) e a distinguiu da consciência. (V. tb. MORALIDADE.)

consciência. (2) Este mesmo vocábulo pode designar também estados psicológicos — como dor, sensações, pensamentos e outros objetos da percepção mental —, os chamados estados da consciência. Nesse sentido, a consciência possui características tão profundamente particulares e misteriosas que alguns filósofos chegam a duvidar da possibilidade de se conhecer realmente seu conteúdo em outras pessoas (o problema de outras mentes). A consciência é a principal dimensão do PROBLEMA MENTE-CORPO. Muitos dualistas citam a consciência como propriedade definitiva da realidade mental ou espiritual, e os materialistas têm grande dificuldade para explicá-la, levando alguns (os advogados do BEHAVIORISMO lógico e do MATERIALISMO ELIMINADOR) à posição extremada de negar completamente sua existência. (V. DUALISMO; MATERIALISMO.) Pesquisas neurológicas atuais procuram entender a base física da consciência. Tentativas de cientistas cognitivos de criar um computador consciente assumem implicitamente posturas filosóficas em relação a ela.

conseqüencialismo. Teoria ética que avalia a correção ou a incorreção de determinado ato por meio das conseqüências não-morais do ato, como a quantidade de prazer e dor produzidos. Bom exemplo disso é o UTILITARISMO, ao alegar que o ato moralmente correto produz as melhores conseqüências para todos os afetados por ele. Teorias do conseqüencialismo contrastam com as TEORIAS DEONTOLÓGICAS, que afirmam que a correção ou o erro não são plenamente determinados pelas conseqüências.

conservação da criação. Apesar de os conceitos populares de CRIAÇÃO preconizarem a atuação divina ligada à origem do universo, os relatos teológicos tradicionais apontam para a manutenção continuada do universo como essencialmente ligada à atividade divina criativa. De acordo com esse conceito, a atividade divina de conservar o universo permanece essencialmente a mesma desde sua criação. (V. tb. PROVIDÊNCIA.)

contingência. Característica das coisas finitas que existem, mas cuja existência não é necessária. Os que apóiam o ARGUMENTO

COSMOLÓGICO acreditam que a contingência da ordem natural demonstra a necessidade de essa ordem natural ter a fonte de sua existência fora de si mesma, e que a fonte última da existência do contingente é um ser cuja existência não é contingente, mas necessária — um ser identificável como Deus. (V. tb. SER NECESSÁRIO.)

contrafactuais. Proposição condicional (geralmente expressa na forma "se p, então q") na qual o antecedente (p) é falso. Exemplos de tais proposições: "Se a Lua fosse feita de queijo verde, então seria deliciosa"; "Se Abraão Lincoln não tivesse sido assassinado, a reconciliação racial após a Guerra de Secessão teria sido adiantada". Há um vigoroso debate sobre o *status* dos contrafactuais que lidam com ações humanas livres, como: "Se a João tivessem sido oferecidos cinco mil dólares como propina, ele a teria recusado livremente". Os defensores do molinismo afirmam que tais proposições possuem valor verdadeiro não determinado por Deus. (V. CONHECIMENTO MÉDIO.) Eles afirmam também que Deus conhece todas essas pressuposições e usa esse conhecimento no governo providencial do universo, o que permite que ele controle os resultados finais sem colidir com a liberdade humana. (V. tb. DETERMINISMO; LIVRE-ARBÍTRIO; PROVIDÊNCIA.)

conversão. No cristianismo, a mudança individual que representa o princípio da nova vida em Cristo. Para várias pessoas que alcançam a FÉ na fase adulta, a conversão representa uma experiência específica. A natureza da experiência de conversão e de seu estado evidente é debatida por psicólogos e filósofos da religião. Deve-se destacar que também são possíveis conversões a outras religiões e, até mesmo, a crenças não religiosas, como o marxismo. (V. tb. SALVAÇÃO.)

cosmovisão. Conjunto detalhado de crenças combinadas de forma consistente ou coerente. Uma cosmovisão completa inclui respostas às seguintes perguntas e a mais outras ainda: Que tipos de realidades existem, e qual é a realidade última? Que explicação se pode dar acerca da realidade? Que é CONHECIMENTO, e como obtê-lo? Que é ter uma CRENÇA razoável ou justificada? Que é o BEM? Que é uma vida boa para o ser humano e como se conquista essa vida? Que é BELEZA e como ela se relaciona com a realidade e a bondade?

crença. Atitude cognitiva e positiva fundamental que comumente assume uma proposição como seu principal objeto. A maior parte dos filósofos afirma que as crenças proposicionais podem ser ocorrentes, nos casos em que há anuência consciente, ou não-ocorrentes, naqueles em que a pessoa se dispõe a consentir com a proposição (como em 2 + 3 = 5), ainda que não pense conscientemente nela. Os teólogos distinguem entre a crença *de que* alguma coisa existe, da crença *em* uma pessoa ou um ideal, como no caso de quem crê em Deus ou na democracia. O último é mais próximo do conceito bíblico de FÉ. Todavia, parece claro que a crença em Deus também é impossível sem crenças proposicionais, porque dificilmente alguém acreditaria em Deus se não acreditasse na existência dele ou em algo sobre sua natureza.

criação. Atividade divina de originar e manter o universo e quaisquer outras criaturas que possam existir, como ANJOS e DEMÔNIOS. A teologia cristã sustenta que Deus criou o mundo livremente a partir do nada (*ex nihilo*) e que, apesar de estar imanentemente presente na criação, ele a transcende.

criacionismo. 1. Teoria da criação segundo a qual Deus age diretamente e não por meio de algum mecanismo de evolução darwinista. Muitos criacionistas ensinam que o universo é relativamente jovem (de dez mil a cinqüenta mil anos de idade), ao passo que outros sustentam o DESÍGNIO INTELIGENTE e estão dispostos a reconhecer a idéia de um universo mais velho. 2. Teoria de que a ALMA de cada ser humano é criada diretamente por Deus e infundida na pessoa, e não um produto biológico do pai e da mãe.

crise ecológica. Situação de emergência causada pelas sociedades modernas industrializadas que, de forma constante, têm diminuído a quantidade de ar fresco, água e *habitat* inexplorado de plantas e animais. A historiadora Lynn White declarou que a crise ecológica origina-se das religiões teístas antropocêntricas, por afirmarem que os seres humanos são os governantes e gerentes da ordem natural. Como resposta, alguns teólogos têm adotado o PANTEÍSMO, o PANENTEÍSMO e o ANIMISMO, que, supostamente, vêem a natureza como mais sagrada que o TEÍSMO. Os teístas respondem afirmando que a idéia de administrar a natureza não implica logicamente a espoliação do meio ambiente, e sim que as pessoas são responsáveis por cuidar da criação de Deus.

cristologia. Ramo da TEOLOGIA cristã que tenta esclarecer e identificar a natureza de Jesus de Nazaré, entendido como "o Cristo" (vocábulo grego equivalente ao termo hebraico Messias, e significa "o ungido"). No cristianismo ortodoxo, a cristologia procura entender como Jesus pode ser divino e humano, e o significado de sua vida, morte e ressurreição. (V.tb ENCARNAÇÃO.)

Cupitt, Don (1934-). Teólogo inglês radical, aderiu publicamente ao ATEÍSMO com o lançamento do livro *Taking leave of God* [*Despedida de Deus*]. Cupitt tornou-se muito conhecido por ter produzido uma série de comentários para a BBC denominada *The sea of faith* [*O oceano da fé*], que gerou uma rede com o mesmo nome, dedicada ao ANTI-REALISMO teológico, que avalia as religiões como criações humanas.

Daly, Mari (1928-). Teóloga feminista, inicialmente católica romana, tornou-se posteriormente feminista radical pós-cristã em *Beyond God the Father* [*Mais além de Deus-Pai*]. Daly afirma que o TEÍSMO tradicional é um conceito patriarcal, hierárquico, enraizado em culturas dominadas por homens. (V. tb. FEMINISMO; GÊNERO; PATRIARCADO; MATRIARCADO.)

daoísmo. (V. TAOÍSMO.)

darwinismo. Teoria sobre a evolução da vida biológica elaborada por Charles Darwin (1809-1882), que afirma que o mecanismo de desenvolvimento evolutivo é resultado de variações aleatórias e da seleção natural por meio da competição para sobrevivência e reprodução. O darwinismo reduziu drasticamente a popularidade do ARGUMENTO DO DESÍGNIO na Inglaterra e nos EUA. Vários pensadores religiosos consideram o darwinismo compatível com o conceito de Deus como criador do universo, considerando a seleção natural um meio empregado por Deus. Entretanto os ateus afirmam que o darwinismo apóia sua COSMOVISÃO. Essa opinião é partilhada por muitos advogados da "ciência da criação" (relatos não-darwinistas sobre a origem das espécies). O pensamento darwinista é muito influente hoje em vários campos, como a psicologia e sociologia. Os darwinistas desenvolveram teorias sobre vários aspectos da cultura humana, até mesmo sobre ÉTICA e religião. (V. tb. CRIACIONISMO; EVOLUÇÃO, TEORIA DA.)

defesa do livre-arbítrio. Resposta ao PROBLEMA DO MAL com o argumento de que se pode justificar a permissão da existência do mal por parte de Deus pelo fato de o mal poder ser logicamente inerente ao LIVRE-ARBÍTRIO. Se o livre-arbítrio é o grande BEM que possibilita outros grandes bens, então esses bens podem ser a razão suficiente para que Deus permita o mal. Pelo fato de nem mesmo a onipotência poder fazer o que é logicamente impossível, Deus deve aceitar a possibilidade do mal se quiser dar o livre-arbítrio a algumas de suas criaturas. (V. tb. TEODICÉIA.)

deísmo. Ponto de vista segundo o qual Deus criou o mundo, mas não o sustenta providencialmente. Em outras palavras, apesar de Deus existir, ele não interage com a criação. O termo é também usado para descrever a convicção de que a verdadeira religião é a religião natural fundamentada na RAZÃO e não em alguma REVELAÇÃO ESPECIAL detentora de autoridade.

demitologização. (V. BULTMANN, RUDOLF.)

demônios. Considerados tradicionalmente seres espirituais criados que se rebelaram contra Deus como aliados de Satanás, o líder deles. Muitos teólogos liberais tratam o relato sobre demônios como forma simbólica de descrever o poder do mal. No Novo Testamento há vários registros de Jesus e seus seguidores expulsando demônios de pessoas. A maior parte dos estudiosos aceita esse material como histórico, mas os que rejeitam a existência metafísica dos demônios explicam as possessões como formas de doenças mentais, e os exorcismos, como casos de cura psicossomática. (V. tb. ANJOS; MAL, NATUREZA DO.)

Derrida, Jacques (1930-2004). Filósofo francês considerado o criador do desconstrucionismo, importante corrente do PÓS-MODERNISMO ou pós-culturalismo. Derrida critica a modernidade por seu comprometimento com a "metafísica da presença" e com o que Martin HEIDDEGER denominou "ontoteologia". O desconstrucionismo estimula uma forma de pensamento que procura contradições entre os ideais do MODERNIS-

MO e suas realidades. Ele também promove uma forma de leitura que pesquisa contradições entre as intenções do escritor e o que o texto afirma de fato. (V. tb. ESTRUTURALISMO.)

Descartes, René (1596-1650). Filósofo e matemático francês, considerado o pai da filosofia moderna. Descartes era racionalista, conhecido por sua tentativa de obter a certeza por meio de um processo de DÚVIDA universal, metódica, no qual propunha a possibilidade de que sua experiência de despertar é indistinguível do mundo dos sonhos, tanto quanto a possibilidade de estar sendo enganado por um gênio maligno todo-poderoso. Depois de estabelecer idéias claras e distintas como base da VERDADE, Descartes defendeu o DUALISMO alma-corpo (ou mente-corpo) e forneceu várias provas da existência de Deus. (V. tb. LUZ NATURAL; RACIONALISMO; CETICISMO.)

desígnio inteligente. Hipótese científica segundo a qual a ordem natural contém um tipo de complexidade que requer um planejador ou uma causa inteligente. Alguns defensores do desígnio inteligente, como Philip Johnson, Michael Behe e William Dembski, acreditam que esse conceito pode apoiar um programa de pesquisa empírica. O movimento do desígnio inteligente não está necessariamente comprometido com o CRIACIONISMO da terra jovem e não insiste na identificação do planejador hipotético com o Deus da Bíblia. (V. tb. DARWINISMO; EVOLUÇÃO, TEORIA DA; ARGUMENTO TELEOLÓGICO.)

determinismo. Conceito de que todos os acontecimentos naturais, incluindo as AÇÕES e escolhas humanas, são produtos de estados passados de acordo com a necessidade causal. Portanto, o determinista afirma que, dado um estado do universo em um momento determinado, mais as leis causais que regem os acontecimentos no mundo natural, o estado do universo em cada tempo futuro está fixado. Vários tipos de determinismo são possíveis, dependendo da natureza das forças causais determinantes. A maior parte dos deterministas modernos são deterministas científicos, que crêem nas leis da natureza como fatores determinantes, mas o determinismo teológico, segundo o qual Deus pessoalmente ordena cada acontecimento, também é possível. (V. tb. CAUSAÇÃO; COMPATIBILISMO, LIVRE-ARBÍTRIO.)

Deus. Ser ou seres divinos que recebem ADORAÇÃO religiosa ou respeito. Os teístas concebem Deus como um ser que criou todas as coisas, exceto a si próprio, e possui um conjunto supremo de atributos, como ONIPOTÊNCIA, ONIPRESENÇA e ONISCIÊNCIA. Os teístas cristãos acreditam que esse Deus existe em três pessoas. Os politeístas acreditam na existência de vários seres divinos que possuem poderes sobrenaturais, mas não são perfeitos como o Deus do TEÍSMO. Os panteístas dizem que Deus é igual ao universo natural, ao passo que panenteístas concebem o mundo natural como PERSONIFICAÇÃO de Deus. (V. tb. ATRIBUTOS DE DEUS; PANTEÍSMO; PANENTEÍSMO; POLITEÍSMO; TEÍSMO.)

Dewey, John (1859-1952). Um dos líderes do PRAGMATISMO americano, defensor do liberalismo democrático e da reforma educacional. Dewey estava comprometido com o NATURALISMO filosófico e, diferentemente de seu colega pragmatista, William JAMES, tinha pouco interesse na EXPERIÊNCIA RELIGIOSA ou na possibilidade da vida PÓS-MORTE. Na obra *A common faith* [*A fé comum*] tentou desenvolver uma versão da FÉ religiosa (ou talvez um sucessor a esse tipo de fé) que envolvia a veneração da ordem natural, o potencial humano e os ideais da democracia.

dialética. Processo de pensamento ou argumentação que envolve contradições e sua resolução, às vezes sob a forma de perguntas e respostas contrárias. O termo tem sido usado de formas diversas por diferentes filósofos. PLATÃO considerava a dialética a forma mais evoluída de raciocínio. ARISTÓTELES e os pensadores medievais entendiam a dialética como método formal de discussão. Immanuel KANT desenvolveu a "dialética transcendental", objetivando revelar as contradições nas quais a razão acrítica falha. Georg W. F. HEGEL propôs uma lógica dialética que, segundo ele, fornecia a estrutura formal da história, vista como a descoberta progressiva do absoluto. A dialética histórica foi aplicada por Karl MARX em seu materialismo dialético.

dilema de Eutifron. Dilema inspirado no argumento encontrado no diálogo de Eutifron (de PLATÃO) que supostamente mina as TEORIAS DO MANDAMENTO DIVINO em relação à ÉTICA. A questão principal é se as ações são corretas porque Deus as ordena, ou se Deus as ordena por serem corretas. Escolher a primeira opção é afirmar que a correção moral baseia-se numa decisão arbitrária da parte de Deus e que, portanto, é inútil louvar a Deus por sua justiça. A escolha da segunda opção implica a existência da justiça independente de um mandamento divino.

dogma. Doutrina ou ensino da igreja. Teólogos católicos e ortodoxos consideram dogmas todas as doutrinas centrais formalmente aceitas pela igreja e não simplesmente as elaboradas por teólogos.

Dooyeweerd, Herman (1894-1977). Filósofo e jurisconsulto holandês, cujo pensamento filosófico foi inspirado no teólogo holandês reformado Abraham Kuyper. A filosofia de Dooyeweerd, desenvolvida em conjunto com seu colega Dirk Vollenhoven, é geralmente denominada "filosofia da lei-idéia". Dooyeweerd concebia as filosofias como *perspectivas* — isto é, lapidadas por atitudes religiosas fundamentais do coração — e tentou construir uma filosofia distintivamente cristã que reconhecesse a SOBERANIA de Deus em várias esferas da ORDEM DA CRIAÇÃO.

dor. Sensação de extremo desconforto. Teologicamente, a dor contribui com o PROBLEMA DO MAL, pelo fato de alguns céticos afirmarem que, se Deus existisse, ele não permitiria a existência da dor no mundo (ou pelo menos não uma quantidade tão grande). O sofrimento dos animais é um problema particularmente difícil para a TEODICÉIA, pelo fato de a dor animal não poder ser justificada pelo argumento de que é causada pelo mau uso do LIVRE-ARBÍTRIO humano.

dualismo. Qualquer teoria filosófica que pressupõe duas substâncias primárias distintas ou qualquer distinção fundamental entre dois elementos. O termo é usado em vasta gama de contextos para designar tipos de teorias totalmente diferentes. Por exemplo, o antigo MANIQUEÍSMO era uma forma de dualismo que postulava duas realidades divinas iguais e opostas, o poder bom da luz e o poder maligno das trevas. O TEÍSMO tem uma dimensão dualista ao fazer clara distinção entre Deus e todas as coisas criadas, entre o infinito e o finito. Teorias que diferenciam a mente (ou alma) e o corpo como substâncias distintas também constituem dualismos, apesar das diferenças importantes entre o dualismo mente-corpo platônico, o tomista e o cartesiano.

Duns Escoto, João. (V. ESCOTO, JOÃO DUNS.)

Durkheim, Émile (1858-1917). Cientista social francês, um dos fundadores da sociologia empírica moderna e pioneiro da sociologia da religião. Durkheim desenvolveu uma abordagem naturalista e funcionalista da religião (e do resto da sociedade) que avalia as crenças e os rituais religiosos como fornecedores de um conjunto de símbolos unificadores representantes dos valores centrais da sociedade. Uma crítica geralmente feita à teoria de Durkheim é sua aparente inabilidade de captar os aspectos universais das grandes religiões mundiais, que parecem transcender os valores de qualquer sociedade.

dúvida. Atitude de incerteza com relação a uma proposição ou pessoa. Como a ligação etimológica com a palavra *duplo* deixa claro, ter dúvida significa ter duas mentes, inseguras sobre em que acreditar. René DESCARTES propôs a adoção da dúvida universal como método próprio para obter a certeza na filosofia. Pensadores tão diferentes quanto Thomas REID, David HUME e Søren KIERKEGAARD concordam que a dúvida universal é impossível (e seria insolúvel se fosse possível). Apesar de a dúvida ser avaliada propriamente como oposto de FÉ ou CRENÇA, parece possível para a fé saudável e viva (entendida como confiança) coexistir com alguns tipos de dúvida, como na afirmação: "Creio, ajuda-me a vencer a minha incredulidade!" (Mc 9.24).

E

ecofeminismo. A falta de preocupação com o meio ambiente, segundo esta teoria, tem origem nas atitudes patriarcais, incluindo as construções religiosas que separam os seres humanos da natureza e a consideram uma propriedade que pode ser usada ou controlada. (V. tb. CRISE ECOLÓGICA; FEMINISMO; GÊNERO; PATRIARCADO; MATRIARCADO.)

Edwards, Jonathan (1703-1758). Filósofo e teólogo americano que sintetizou as idéias científicas e filosóficas do ILUMINISMO com o calvinismo histórico. O pensamento de Edwards é célebre por sua adesão ao idealismo de George BERKELEY, ao COMPATIBILISMO acerca da liberdade, ao DETERMINISMO e a um ponto de vista interessante sobre a santidade divina como "o amor desinteressado do ser" que constitui a "verdadeira beleza". Edwards acredita que as pessoas deveriam ter amor pela BELEZA para poder compreender a VERDADE religiosa e, assim, dedicar-se mais ao desenvolvimento dos sentimentos religiosos, ou emoções. Edwards também se destacou por ter sido um dos fomentadores do avivamento nos EUA.

efeito duplo, princípio do. Conceito que afirma a diferença moral significativa entre as conseqüências intencionais geradas por uma AÇÃO e as que podem apenas ser previstas, mas não programadas. De acordo com esse ponto de vista, por exemplo, seria moralmente permissível administrar uma droga para diminuir a dor de uma pessoa à beira da morte com a intenção de aliviar seu sofrimento, ainda que se pudesse prever que a droga encurtaria a vida dessa pessoa. (V. tb. ÉTICA.)

egoísmo. Teoria que defende a procura da FELICIDADE individual pelos seres humanos. O egoísmo psicológico afirma que é comum as pessoas procurarem unicamente o próprio bem. O egoísmo moral declara ser correto ou bom que as pessoas ajam dessa forma. Os romances de Ayn Rand oferecem um retrato dramático e uma defesa do egoísmo. O ensino cristão tradicional, em nítido contraste, condena o egoísmo universalmente por ser pecaminoso, contrastando-o com a legítima consideração do *SELF* e de suas necessidades. (V. tb. HEDOMISMO.)

empirismo. Tipo de teoria epistemológica contrastante com o RACIONALISMO epistemológico. O empirismo dá a primazia à experiência sensorial para a obtenção de CONHECIMENTO. Há muitos tipos de empirismo. No mundo antigo, ARISTÓTELES identificava-se mais com o empirismo do que PLATÃO, que enfatizava as idéias inatas. Essa mesma diferença se deu entre os filósofos medievais, dos quais alguns eram platônicos, outros, como TOMÁS DE AQUINO, seguiam ARISTÓTELES. Na filosofia moderna, os filósofos britânicos John LOCKE, George BERKELEY e David HUME são os empiristas mais expressivos. No século XX, o POSITIVISMO LÓGICO e seus sucessores representaram a tradição empirista. (V. tb. EPISTEMOLOGIA.)

encarnação. Literalmente, o termo significa "corporificação" ou "incorporação". Na TEOLOGIA cristã, esse termo refere-se ao ato pelo qual Deus tornou-se um ser humano na pessoa de Jesus de Nazaré. A encarnação está logicamente ligada à doutrina da TRINDADE, por ter sido o Deus Filho — a segunda pessoa da Trindade — quem "esvaziou-se a si mesmo" e tornou-se homem. (V. TEORIAS *KENÓTICAS*.) A encarnação recebeu sua formulação clássica no Concílio de Calcedônia (451), afirmando que, ao tornar-se um Deus humano, o Filho permaneceu "uma pessoa" com "duas naturezas" (divina e humana). (V. tb. CRISTOLOGIA.)

epistemologia. Ramo da FILOSOFIA que lida com o CONHECIMENTO, a CRENÇA e assuntos correlacionados, como JUSTIFICAÇÃO e VERDADE. Alguns concebem a epistemologia como tentativa de refutar o CETICISMO — a negação da possibilidade de conhecimento. Uma das maiores discussões da epistemologia dá-se entre o internalismo e o externalismo: deve a base que garante a crença estar acessível internamente à CONSCIÊNCIA? Outro grande debate é o FUNDACIONALISMO *versus* COERENTISMO: algumas crenças são "essencialmente básicas", ou são todas elas baseadas em outras crenças, como se fossem uma rede de comunicação? Alguns filósofos da religião têm argüido que a crítica à crença religiosa que afirma ser ela irracional baseia-se em epistemologias falhas, em teorias do conhecimento que, se aplicadas a outros campos além do religioso, tornariam também o conhecimento impossível a eles.

epistemologia reformada. Forma de tratar questões relativas ao CONHECIMENTO e à CRENÇA inspirada na obra de Alvin PLANTINGA, Nicholas WOLTERSTORFF e William ALSTON. Vários proponentes da epistemologia reformada têm ligações com o Calvin College e foram inspirados pelo conceito de erudição cristã de Abraham Kuyper. A epistemologia reformada sustenta caracteristicamente que a crença em Deus é "básica" e não deve se basear em evidências. PLANTINGA desenvolveu uma EPISTEMOLOGIA que enfatiza o conhecimento como resultado de faculdades humanas que funcionam apropriadamente em seu meio ambiente de acordo com um "plano de desígnio" que objetiva a verdade.

equívoco. Adjetivo que descreve o estado de um termo quando aplicado em mais de um sentido ao curso de um argumento, de tal forma que o argumento comete a falácia lógica do equívoco. Repare no uso equivocado de termos no seguinte exemplo humorístico: "Eu amo você. Portanto, sou um amante. Todo o mundo ama um amante. Portanto, você me ama".

erro de categorização. Entendimento errôneo ocasionado pela avaliação de um termo pertencente a uma categoria lógica como se fosse de outra categoria. O filósofo Gilbert Ryle, popularizador desse conceito, dá como exemplo uma pessoa à qual é mostrado o relatório fiscal do auditor de uma faculdade. O leitor do relatório pensa que a descrição corresponde à faculdade real, pelo fato de o relatório cobrir todos os aspectos da faculdade, e que as experiências dos prédios, das salas, das bibliotecas etc. devem ser de alguma forma ilusórias. Erros desse tipo são considerados por Ryle e outros como originários da má compreensão da linguagem e são vistos como terreno fértil para enigmas filosóficos.

escatologia. Ramo da TEOLOGIA que lida com "as últimas coisas", ou o fim da história. Inclui os seguintes tópicos: a segunda vinda de Cristo, o JUÍZO FINAL, a natureza do CÉU e a do INFERNO.

escolasticismo. Tradição filosófico-teológica da Idade Média responsável pela síntese da FILOSOFIA grega com a Bíblia e os ensinamentos dos pais da igreja. As principais figuras dessa tradição foram ANSELMO, TOMÁS DE AQUINO, João Duns ESCOTO e Guilherme de OCCAM. No período posterior à Reforma, um grupo de teólogos conhecido por escolásticos protestantes tentaram sistematizar o pensamento luterano e calvinista de forma a lembrar a obra dos escolásticos medievais em estilo e conteúdo.

Escoto, João Duns (c. 1265-1308). Filósofo e teólogo escocês, uma das principais figuras do ESCOLASTICISMO, era franciscano e lecionou em Oxford, Paris e Colônia. Escoto, conhecido como "o doutor sutil", sintetizou o pensamento de AGOSTINHO com a mais nova versão da tradição de ARISTÓTELES. Ele é muito conhecido pela opinião de que Deus criou essências individuais, ou *hecceidades*, e pela defesa do papel dos MANDAMENTOS DIVINOS ou decretos como parte do fundamento da ÉTICA. Ele ensinava que a vontade humana possui duas motivações naturais: "amor pela superioridade" e "amor pela justiça".

espaço público. Forma metafórica para referir-se ao "espaço" no qual cidadãos de uma democracia discutem e decidem assuntos de interesse comum. Há muito debate sobre o lugar da religião no espaço público de uma democracia pluralista. Os liberais clássicos bem como os pensadores pós-modernos como Richard RORTY afirmam que a religião é uma barreira divisora em relação ao diálogo e não pode oferecer razões válidas para a ação no espaço público. Muitas pessoas religiosas rejeitam esse argumento e afirmam que a suposta posição "neutra" do LIBERALISMO é, de fato, um ponto de vista naturalista disfarçado. De acordo com tal conceito, o debate no espaço público não pode ser divorciado de questões de compromisso maior e COSMOVISÕES, e, portanto, as crenças religiosas podem ter uma função pública positiva na democracia pluralista. Uma posição mais estremada sustenta que o espaço público deve ser fundamentado num compromisso religioso específico — conceito que logicamente conduz a uma forma estabelecida de religião.

esperança. Uma das VIRTUDES cristãs primárias, junto com a FÉ e o AMOR. A esperança é a expectativa positiva de algum bem futuro ainda não presente e sobre o qual há certa dúvida, pelo menos em relação ao tempo de sua realização. A esperança parece epistemologicamente mais fraca do que a CRENÇA, pelo fato de alguém poder esperar por um acontecimento que não acredita que ocorrerá. Alguns filósofos propuseram que a esperança substitua a crença como principal elemento na fé, permitindo que a fé seja mais facilmente justificada como racional. Biblicamente, entretanto, parece que a fé e a esperança estão interligadas. Esperamos pelo Reino de Deus graças a nossa confiança em Deus, e essa confiança inclui crer na realidade e na bondade de Deus e também nas ações divinas por meio de Jesus.

Espinosa, Baruch (1632-1677). Um dos filósofos mais importantes da tradição racionalista, Espinosa foi expulso da sinagoga de Amsterdã por seus pontos de vista não-ortodoxos. (V. RACIONALISMO.) Espinosa era monista e afirmava a existência de uma única substância, conhecida por meio de seus dois atributos, da mente e da extensão, corretamente designada Deus ou natureza. (V. MONISMO; PANTEÍSMO.) Quando entendemos a natureza divina, percebemos que tudo acontece por

NECESSIDADE. A verdadeira FELICIDADE consiste no amor intelectual a Deus, quando vemos o mundo sob o prisma da eternidade e aceitamos em última instância, tudo o que acontece, como bem. Espinosa acreditava que a filosofia deveria ser feita com um método geométrico envolvendo postulados evidentes em si e definições que podem ser provadas por teoremas.

essencialismo. Concepção metafísica segundo a qual existem essências reais, ou "naturezas", das coisas. Os objetos possuem conjuntos de propriedades essenciais que fazem com que eles sejam o que são, propriedades que podem ser distintas daquelas que eles possuem de modo "acidental" ou contingente. Um ponto de vista contrário ressalta que as essências são uma função da linguagem. De acordo com o ponto de vista oposto, o conjunto de propriedades essenciais a um objeto é uma função do modo como o objeto é descrito, em lugar de representar uma característica real do objeto. (V. tb. METAFÍSICA.)

estoicismo. FILOSOFIA influente na Grécia antiga e no mundo romano que destacava o controle pessoal sobre as emoções. Criado por Zenão de Cício (334-262 a.C.; não deve ser confundido com Zenão, o Eleata, famoso por seus paradoxos), o estoicismo desenvolveu-se ao longo do tempo. Geralmente são reconhecidos três períodos de sua história: o estoicismo primitivo, o estoicismo médio e o estoicismo romano. A maior parte dos escritos estóicos remanescentes provém do último período, do qual o escravo Epicteto e o imperador Marco Aurélio são os mais famosos representantes. O estoicismo caracteriza-se pela convicção de que o universo possui uma estrutura racional e tudo acontece necessariamente. A verdadeira virtude requer a aceitação dos fatos exteriores; o virtuoso vive de acordo com a razão que molda o universo e obtém satisfação de uma atitude de indiferença em relação às coisas boas e ruins que a maior parte das pessoas deseja e teme.

estruturalismo. Movimento interdisciplinar originário da lingüística e da filosofia francesa, que destaca a forma pela qual os significados dos símbolos são determinados por suas relações com outros símbolos em um sistema. Os estruturalistas consideram a linguagem e outras atividades humanas (incluindo rituais religiosos) refletoras de estruturas profundas e universais geralmente encontradas em mitos. (V. tb. PÓS-MODERNISMO; SIGNO.)

eternidade/para sempre. Formas contrastantes de entendimento acerca da relação de Deus com o TEMPO, bem como sobre a natureza da vida esperada pelos cristãos agora e depois da morte. Existe uma disputa entre os que pensam na eternidade como significando "para sempre", sem princípio e sem fim, e os que a concebem como forma de realidade atemporal. Defensores da noção da eternidade significando para sempre argúem que este é o conceito hebreu e que o conceito de eternidade atemporal é produto do pensamento grego que distorce o conceito bíblico. Defensores da eternidade atemporal asseguram que Deus é o senhor do tempo e que ele não poderia ter criado o tempo se não fosse atemporal.

ética. Ramo da FILOSOFIA que lida com as questões de certo e errado, BEM e MAL, VIRTUDE e defeito. Além disso, a ética trata de questões metaéticas, como: "O que significa dizer que uma ação é correta?"; "Qual é a base ou o fundamento da justiça?". A disputa concernente às teorias éticas conseqüencialistas ou DEONTOLÓGICAS é uma das maiores áreas de discordância da ética.

evidencialismo. Conceito segundo o qual as crenças religiosas (bem como as demais) são RACIONAIS somente se baseadas em evidências. Tipicamente, os evidencialistas especificarão a quantidade mínima de evidência suficiente (como "a evidência que torna a crença mais provável do que improvável" ou "a evidência que torna a crença mais provável que as demais concorrentes"). Outra forma popular de evidencialismo é a "ética de crença" proporcional que destaca a proporcionalidade da adesão de uma pessoa à CRENÇA de acordo com a força da evidência. Este tipo de ética de crença pode ser traçada até John LOCKE. O evidencialismo tem sido fortemente combatido pela EPISTEMOLOGIA REFORMADA, particularmente pelo trabalho de Alvin PLANTINGA e Nicholas WOLTERSTORFF.

evolução, teoria da. Conceito que preconiza que as formas de vida têm sido modificadas ou melhoradas com o passar do tempo. Microevolução é o desenvolvimento dentro de uma espécie e não suscita controvérsia. Macroevolução é a teoria segundo a qual diferentes formas de vida desenvolveram-se a partir de formas mais simples; geralmente é acompanhada da teoria do descendente comum (que afirma que todas as formas de vida biológica evoluíram de um organismo simples). Apesar de várias teorias evolutivas terem sido desenvolvidas, as mais comuns hoje são as neodarwinistas. (V. tb. CRIACIONISMO; DARWINISMO.)

exclusivismo. Na TEOLOGIA cristã, aponta para a doutrina que sustenta a possibilidade da SALVAÇÃO (pelo menos para os adultos desde os tempos de Cristo) somente para quem exerce fé explícita em Jesus. Esta concepção é contrastada com o inclusivismo, que afirma que, apesar de as pessoas poderem ser salvas somente por meio de Cristo, é possível que algumas delas, sem fé explícita em Cristo, possam ser salvas por ele; e com o pluralismo, segundo o qual Jesus não é o único meio de salvação. De forma mais ampla, o termo é usado por qualquer posicionamento religioso que ressalte ser salvação possível unicamente por intermédio de uma religião específica.

existencialismo. Grupo de filosofias populares posteriores à Segunda Guerra Mundial que enfatizam ser a existência humana constituída pelas escolhas feitas pelas pessoas. Os existencialistas não possuem um conjunto de crenças comuns, mas tendem a destacar a liberdade, a precariedade e até mesmo o absurdo da condição humana, junto com a responsabilidade individual de definir-se por meio da ação. Apesar de o existencialismo ter se inspirado em pensadores do século XIX, como Søren KIERKEGAARD e Friedrich NIETZSCHE, nenhum deles teria endossado o existencialismo. Existem versões ateístas (Jean-Paul SARTRE e Albert CAMUS) e religiosas (Martin BUBER e Gabriel-Honoré MARCEL); entretanto, na mente popular, o existencialismo é sempre ateu.

experiência de Deus. (V. EXPERIÊNCIA RELIGIOSA.)

experiência religiosa. Experiência de Deus ou do sagrado ou outros tipos de experiências que requerem interpretação ou explicação religiosa. Exemplos de experiências de Deus podem incluir a consciência mística de Deus e a percepção de visões e vozes que conduzem a atenção para Deus. (V. MISTICISMO.) Exemplos de experiências que requerem explicações religiosas podem incluir a visão da beleza ou do sublime na natureza — pôr-do-sol, montanhas, nascimentos etc., que podem ser consideradas experiências que conduzem a Deus. (V. tb. EXPERIÊNCIA DE DEUS.)

expiação. Doutrina cristã da solução, por Cristo, dos problemas criados pela pecaminosidade humana, especialmente o da alienação em relação a Deus. Todo cristão afirma a realidade da expiação, mas nenhuma teoria sobre essa doutrina tem aceitação universal. As mais aceitas são as teorias da influência moral, as da satisfação e as da substituição penal. (V. tb. SALVAÇÃO; PECADO.)

F

fatalismo. Conceito de que tudo acontece necessariamente e que, portanto, a escolha e o esforço dos seres humanos não fazem diferença. Os críticos do DETERMINISMO alegam ser o fatalismo sua conseqüência lógica. Entretanto, a maioria dos deterministas (particularmente os chamados "deterministas brandos") rejeita a acusação, declarando que as escolhas humanas fazem a diferença como parte da ordem causal. Alguns "deterministas radicais" aceitam a idéia de que todas as coisas acontecem exatamente da forma que deveriam ser e afirmam que o reconhecimento dessa verdade liberta as pessoas da ansiedade e as conduz à paz de espírito.

fé. No cristianismo designa a atitude de confiar em Deus, incluindo crenças sobre Deus e sua bondade, essenciais ao relacionamento correto com ele. Vários teólogos consideram que a fé possui múltiplas dimensões, incluindo confiança, CRENÇA proposicional e a disposição de agir com obediência. Em sentido mais amplo, o termo é usado para salientar qualquer conjunto de compromissos religiosos e, até mesmo, seculares, como no caso da pessoa que tem "fé" na psicanálise ou no marxismo. A palavra também é usada como sinônimo de religião.

felicidade. Estado da vida intrinsecamente bom e considerado digno de ser almejado. Os gregos antigos tendiam a acreditar que a felicidade, ou *eudaimonia*, é o fim ou objetivo da vida ética, ao passo que discordavam a respeito da natureza da felicidade e de como obtê-la. De modo mais amplo, ARISTÓTE-

LES considerava que a felicidade consistia sobretudo de atividades. Em outras palavras, a pessoa feliz é a que prospera realizando seu potencial. Os hedonistas consideram a felicidade como uma vida repleta de experiências prazerosas. Os cristãos ligam a verdadeira felicidade à bem-aventurança encontrada ao conhecer a Deus. (V. tb. VISÃO BEATÍFICA; HEDONISMO.)

feminismo. Forma de pensar que torna as experiências diferenciadas de homens e mulheres fundamentais para suas conclusões e métodos. As feministas declaram que muito da erudição tradicional em vários campos reflete o preconceito masculino inconsciente, acrescentando que o desenvolvimento de uma teoria pode ajudar a superar esses problemas se levar em conta os interesses e as identidades femininas. É importante fazer distinção entre as várias formas de feminismo, como o liberal, o socialista e o chamado feminismo radical. Apesar de várias feministas serem anticristãs e, até mesmo, anti-religiosas, algumas são cristãs e se apegam ao princípio cristão de igualdade entre os sexos. (V. tb. GÊNERO; PATRIARCADO, MATRIARCADO.)

fenomenologia. Abordagem filosófica criada por Edmund HUSSERL (1859-1938) e seus seguidores, caracterizada pela tentativa de descrever as experiências humanas como são vividas. Apesar da grande diferença existente entre Husserl e alguns de seus seguidores (Martin HEIDEGGER e Maurice Merleau-Ponty, por exemplo), todos concordam que a fenomenologia exige a suspensão da atitude natural, que toma o mundo dos objetos como certo e avalia a experiência como tendo sido causada pelos objetos, de forma a possibilitar o foco sobre a "vida/ mundo" da experiência. Os fenomenólogos enfatizam caracteristicamente as "possíveis qualidades" da CONSCIÊNCIA, e o modo pelo qual a consciência de um objeto pressupõe um "horizonte de significado" preconcebido, que funciona como pano de fundo.

Feuerbach, Ludwig (1804-1872). Filósofo alemão que desenvolveu a teoria da projeção da religião, na qual Deus é visto como a projeção do potencial humano não atingido. Portanto, de acordo com essa teoria, a religião é realmente antropologia. Feuerbach foi um materialista que exerceu forte influência sobre Karl MARX. Ele afirmava que o progresso da humanidade exige a desmistificação da consciência religiosa e a retomada dos problemas concretos da existência humana.

fideísmo. Conceito segundo o qual a FÉ tem precedência sobre a RAZÃO. A palavra é geralmente usada com conotação depreciativa para designar um ponto de vista considerado como uma forma de irracionalismo por um crítico. TERTULIANO e Søren KIERKEGAARD são geralmente citados como fideístas.

filosofia. De acordo com William JAMES, a filosofia é simplesmente um esforço obstinado e incomum para pensar com clareza e profundidade sobre questões fundamentais. Curiosamente, todos os termos que definem a filosofia são objetos de debates filosóficos. No Ocidente, a filosofia pode ser identificada com o tipo de atividade promovida por PLATÃO, ARISTÓTELES, David HUME e Immanuel KANT. Ela também pode ser identificada por sua referência às questões fundamentais, como: "Que é o conhecimento?" (EPISTEMOLOGIA), "Que é a realidade?" (METAFÍSICA), e, "Que é o bem?" (ÉTICA). Apesar de muitas pessoas fazer uma distinção rígida entre a filosofia e a TEOLOGIA, há importantes sobreposições entre as duas referentes aos assuntos tratados. Uma forma de distingui-las é por meio de seu público-alvo. Um pensador, que se dirige a uma comunidade religiosa e pode conjecturar as autoridades reconhecidas pela comunidade, teologiza. O mesmo pensador, ao dirigir-se a uma comunidade mais ampla, filosofa.

filosofia analítica. Tipo de FILOSOFIA predominante na Inglaterra a partir de 1930 e nos EUA desde a Segunda Guerra Mundial. Dentre os primeiros filósofos analíticos influentes destacam-se Bertrand RUSSELL e Ludwig WITTGENSTEIN. Este grupo não possui um corpo distintivo de proposições filosóficas, mas distingue-se pelo estilo que enfatiza a análise lingüística precisa e o uso de técnicas da lógica para analisar argumentações. (V. POSITIVISMO LÓGICO.) A filosofia analítica da religião inclui vigorosos debates acerca da existência de Deus, o problema do MAL, o valor da evidência na EXPERIÊNCIA RELIGIOSA e até sobre doutrinas especificamente cristãs, como a TRINDADE, a ENCARNAÇÃO e a EXPIAÇÃO.

filosofia da religião. Ramo da FILOSOFIA que procura entender e avaliar, de maneira crítica, CRENÇAS e práticas religiosas. Os filósofos da religião debatem sobre a existência de Deus, a natureza da religião, a possibilidade de vida após a morte (e pontos de vista específicos sobre a vida após a morte, como a REENCARNAÇÃO e RESSURREIÇÃO) e várias outras questões levantadas pelas grandes religiões mundiais.

filosofia do senso comum. Denominada, com freqüência, de "filosofia escocesa do senso comum" ou "realismo escocês", esse tipo de filosofia, criado por Thomas REID, foi popular na Grã-Bretanha e nos EUA no século XIX. Reid rebatia o ceticismo de David HUME tentando demonstrar que os princípios que subjazem ao CETICISMO são mais duvidosos que os princípios do senso comum. Apesar de não serem indubitáveis, afirma Reid, os princípios do senso comum são mais cognoscíveis universalmente e impossíveis de se rejeitar na prática. Os filósofos do senso comum, assim como Reid, geralmente defendem princípios básicos como moralidade e religião, além da confiabilidade da memória, o senso de percepção e a credibilidade básica do testemunho. (V. tb. REALISMO.)

filosofia islâmica. Produção intelectual de pensadores islâmicos como Alfarabi, AVICENA, AVERRÓIS, que criativamente sintetizaram a fé monoteísta do *Alcorão* com o pensamento filosófico grego de PLATÃO e ARISTÓTELES no princípio da Idade Média. Esses pensadores digladiaram-se com problemas como a natureza da CRIAÇÃO, a relação de Deus com o mundo e a compatibilidade entre a liberdade humana e a SOBERANIA divina. (V. tb. ISLÃ.)

finitude. Define as limitações de ordem natural que devem ser atribuídas às características da criatura e não ao PECADO. Assim, o próprio pecado deve ser entendido não meramente como defeito inerente à finitude, mas ao afastamento deliberado de Deus. Ser finito em relação ao discernimento ou à vontade moral não constitui pecado; o fracasso voluntário para seguir o discernimento moral, entretanto, não pode ser atribuído simplesmente à finitude.

fisicalismo. Doutrina que preconiza a existência exclusiva de realidades físicas e que nega, portanto, a existência de DEUS, dos ANJOS ou das ALMAS não-físicas. É um termo muito usado como sinônimo de MATERIALISMO, mas os conceitos dos dois termos nem sempre convergem: os materialistas acreditam na existência única da matéria, ao passo que os fisicalistas aceitam a existência tanto da matéria quanto da energia. Alguns fisicalistas contemporâneos definem sua posição de forma não fechada no que se refere à CIÊNCIA. Em outras palavras, o fisicalismo é a teoria de que os elementos fundamentais da realidade são todas as partículas ou entidades básicas aceitas pela física. (V. tb. MATERIALISMO.)

Freud, Sigmund (1856-1939). Médico austríaco e teórico da psicologia, criou a psicanálise. Freud é conhecido na FILOSOFIA DA RELIGIÃO por sua teoria de que a crença em Deus é uma ilusão criada pelo complexo de Édipo, segundo o qual uma criança tem uma relação com o que lhe parece ser um pai todo-poderoso, de quem ela depende e quer conquistar a boa vontade. Freud não parece ter reparado que sua teoria psicológica, ao afirmar que a criança se ressente e inveja o pai poderoso, poderia fornecer uma explicação igualmente reducionista de crenças anti-religiosas. Tampouco ele considerou a possibilidade de que a relação da criança com seus pais, em lugar de ser um mecanismo para a formação de uma ilusão, pudesse ser um modelo divinamente ordenado por meio do qual Deus provê o conceito de si mesmo.

funcionalismo. Concepção de que os estados mentais não são definidos por qualidades intrínsecas, mas pelas relações com outros estados, particularmente as relações causais. O funcionalista não deveria, portanto, definir um estado mental de forma dualista, como uma ocorrência espiritual, nem materialista, como um processo mental, mas deveria dizer que estado mental é simplesmente o estado que desempenha papel funcional na vida de um organismo. Estados mentais são causados por *inputs* recebidos do meio ambiente, que por sua vez originam comportamentos, como também podem usufruir certas relações com outros estados interiores. (O último tipo de relação é um fator que distingue o funcionalismo do BEHAVIORISMO.) Teoricamente, um funcionalista pode ser dualista, mas na realidade a maior parte dos funcionalistas são fisicistas que acreditam que os estados materiais satisfazem os papéis funcionais. (V. tb. DUALISMO.)

fundacionalismo. Tipo de EPISTEMOLOGIA segundo a qual, embora muitas CRENÇAS se baseiem em outras crenças, algumas delas devem se sustentar de uma forma básica ou fundacional, para evitar um infinito regredir. O fundacionalismo clássico destaca que as crenças básicas devem ser indubitáveis (auto-evidentes ou experimentalmente corretas) para serem adequadamente sustentadas, ao passo que os fundacionalistas contemporâneos, como os defensores da EPISTEMOLOGIA REFORMADA, aceitam a falibilidade das crenças básicas. (V. tb. FUNDACIONALISMO CLÁSSICO.)

fundacionalismo clássico. Tipo de EPISTEMOLOGIA predominante na primeira fase da filosofia moderna até o ILUMINISMO. Como versão do fundacionalismo, esse tipo de epistemologia ressalta que as CRENÇAS devem ser sustentadas por crenças básicas ou fundacionais. Contudo, o fundacionalismo clássico distingue-se das epistemologias falibilistas (como a EPISTEMOLOGIA REFORMADA) pela afirmação de que as crenças fundacionais devem ser indubitáveis. Versões racionalistas sustentam que as crenças fundacionais devem ser verdadeiras por auto-evidência, ao passo que empiristas aceitam proposições "incorrigíveis" por serem evidentes aos sentidos como detentoras do grau requisitado de certeza. Muitos filósofos hoje estão convencidos de que o fundacionalismo ideal ou clássico não pode ser alcançado e que, conseqüentemente, devemos nos tornar CÉTICOS ou adotar alguma epistemologia alternativa, como o COERENTISMO não-fundacionalista ou uma versão falibilista do fundacionalismo.

fundamentalismo. Originariamente o termo designava o movimento associado a uma série de livros escritos por destacados teólogos da primeira parte do século XIX que defendiam os fundamentos da fé cristã, especialmente a divindade de Jesus. Com o passar do tempo, o termo foi usado em sentido mais amplo, associado a qualquer forma de cristianismo tradicional e conservador e, até mesmo, para se referir ao conservadorismo de outras tradições religiosas, como a dos "muçulmanos fundamentalistas". Nesse caso, o termo geralmente é empregado de forma pejorativa, com conotações de antiintelectualismo. Como decorrência, os cristãos conservadores preferem distinguir seus pontos de vista daqueles do fundamentalismo, afirmando, por exemplo: "Sou evangélico ('cristão tradicional'), não fundamentalista".

G

Gadamer, Hans-Georg (1900-2002). Filósofo alemão que desenvolveu uma hermenêutica filosófica que avalia a interpretação como dimensão fundamental da existência humana. Gadamer, aluno de Martin HEIDEGGER, criticou o ILUMINISMO por seu "preconceito contra os preconceitos" e declarou que o entendimento requer a apreensão de um texto em sentido contrário ao do "horizonte de significado" fornecido pela tradição. O intérprete traz para confronto seu horizonte de significado, e o entendimento genuíno ocorre quando existe uma "fusão de horizontes".

Galileu Galilei (1564-1642). Astrônomo e físico italiano, e um dos maiores cientistas modernos. Galileu inventou a mecânica moderna e defendeu a teoria de Copérnico, de que o Sol é o centro do sistema solar. Foi convocado pela Inquisição e forçado a repudiar seus pontos de vista. Esse episódio é citado, com freqüência, como evidência do conflito entre a religião e a CIÊNCIA. Entretanto, deve-se ressaltar que Galileu era profundamente religioso e fornecia justificativas teológicas para sua postura científica.

gênero. Originariamente um termo que faz parte da estrutura gramatical de várias línguas, nas quais os substantivos são identificados como masculinos ou femininos (ou neutros, em algumas). Teoristas feministas utilizam a palavra para designar a forma pela qual as diferenças sexuais podem ser entendidas, não como necessidade biológica, mas como construção cultural. Portanto, as feministas declaram que grande parte da erudição tradicional, incluindo a teologia e a filosofia, reflete o entendimento masculino, influenciado pelo gênero, que não leva adequadamente em conta as experiências e os interesses das mulheres. (V. tb. FEMINISMO; PATRIARCADO; MATRIARCADO.)

gnosticismo. Movimento religioso popular da igreja cristã nos séculos II e III. A influência gnóstica pode ser percebida em várias heresias e tendências combatidas pelo cristianismo. Os gnósticos acreditavam na possibilidade de uma esfera mais alta de CONHECIMENTO espiritual, ou gnose, e recomendavam vários métodos para a obtenção desse estado mais elevado. Os gnósticos tendem a depreciar o mundo material em detrimento do espiritual. O termo é usado mais livremente para designar também movimentos religiosos de qualquer período que enfatizam o conhecimento espiritual esotérico.

graça. Termo entendido tradicionalmente pelos cristãos como o favor imerecido que Deus oferece a sua criação e, particularmente, aos seres humanos. Os cristãos consideram a graça divina como preeminentemente estendida aos homens na encarnação, morte e ressurreição de Jesus, por meio das quais ele expia os pecados e possibilita a vida eterna a seu lado. (V. tb. GRAÇA COMUM.)

graça comum. GRAÇA divina estendida não somente aos eleitos, que Deus salva, mas a todos os seres humanos e, até mesmo, à ordem natural como um todo. Os teólogos que enfatizam a graça comum dizem que ela é uma ação divina de bondade ("envia chuva sobre justos e injustos") e permite que seres humanos pecaminosos adquiram conhecimento e desenvolvam empreendimentos culturais como o governo e as artes.

H

hedonismo. Teoria ética que identifica o BEM com a FELICIDADE e entende a felicidade como a presença do prazer e a ausência da DOR. Críticos do hedonismo declaram que o hedonista confunde um subproduto e o bem resultante dele com o próprio conceito de bem; não procuramos primariamente o prazer, mas coisas boas (amor e amizade, por exemplo) que nos dão prazer. Se não dermos valor intrínseco a essas coisas, elas, de fato, não nos darão prazer. (V. tb. EGOÍSMO.)

Hegel, Georg Wilhelm Friedrich (1770-1831). Filósofo alemão que desenvolveu um sistema filosófico chamado idealismo absoluto. Nesse sistema, toda a realidade é vista como o descobrimento progressivo da "mente absoluta" (identificada como Deus), obtida por meio de um processo dialético no qual o *Geist* (espírito ou mente) aliena-se de si mesmo repetidamente e, depois, supera essa negação numa unidade mais alta. Hegel considerava a história da humanidade o lugar em que a absoluto se torna autoconsciente e o estado liberal moderno, como a forma mais avançada do "espírito", uma comunidade ética na qual a arte, a religião e a filosofia — as três formas do espírito absoluto — podem florescer. Karl MARX e Søren KIERKEGAARD reagiram de forma crítica contra Hegel, ao mesmo tempo que foram influenciados por ele de várias maneiras.

Heidegger, Martin (1889-1976). Filósofo alemão cuja obra centrou-se na questão do significado do ser. Depois de receber formação em teologia, Heidegger dedicou-se à filosofia para estudar com o fenomenologista Edmund HUSSERL. Sua primeira grande obra, *O ser e o tempo*, buscava discernir o significado do ser olhando para o ser humano (*dasein*) — o ser cujo ser envolve a questão de ser e que deve, resoluto, encarar a temporalidade implícita na morte pessoal. Em seus escritos posteriores, Heidegger mudou seu foco para um modo de filosofar no qual o "chamado do ser", reprimido pela tecnologia e pelo pensamento instrumental, pode talvez ser reconhecido nos poetas e em obras de arte. Heidegger exerceu grande influência sobre o EXISTENCIALISMO, apesar de ter repudiado o tratamento dado a suas obras pelos existencialistas. Sua adesão ao nacional-socialismo tornou-o uma figura controvertida, apesar de permanecer influente, especialmente para os filósofos PÓS-MODERNOS.

henoteísmo. Perspectiva religiosa que atribui supremacia, ou pelo menos lealdade suprema, a uma divindade (ou "deus maior") ao mesmo tempo que reconhece a existência de outros deuses. (V. tb. POLITEÍSMO.)

hermenêutica. É o termo tradicional que descreve a subdisciplina da TEOLOGIA que lida com a interpretação de textos bíblicos. Nos séculos XIX e XX, o termo foi ampliado para incluir a disciplina que visa ao entendimento da interpretação de qualquer tipo de texto, incluindo os papéis e relacionamentos entre autor, leitor e texto. Em escala ainda maior, o termo tem sido usado por filósofos como Hans-Georg GADAMER e Paul RICOEUR para designar a tentativa de articulação da natureza do próprio entendimento, com ênfase no papel da interpretação como componente-chave de todo o conhecimento humano. Aqui a interpretação de textos, com os horizontes do significado "tomados por verdadeiros", que a leitura pressupõe, torna-se metáfora para o entendimento humano em geral, e a própria vida humana é vista como "texto" ou análogos de texto.

Hick, John (1922-). Influente filósofo da religião, cujos conceitos têm sido direcionados para uma visão pluralista das religiões mundiais. No início de sua trajetória, Hick defendia o significado COGNITIVO da LINGUAGEM RELIGIOSA contra o POSITIVISMO LÓGICO e desenvolveu uma TEODICÉIA influente sobre a criação de almas. Mais recentemente, Hick afirmou que cada religião mundial representa uma resposta culturalmente condicionada ao "real" e, portanto, nenhuma pode julgar-se pragmaticamente superior às outras. No tocante ao cristianismo, Hick afirmou que a ENCARNAÇÃO de Jesus não pode ser literalmente verdadeira. (V. tb. PLURALISMO RELIGIOSO.)

Hildegarde de Bingen (1098-1179). Teóloga, compositora e artista do período medieval; seu pensamento e sua música têm recebido atenção renovada. A vida e os escritos de Hildegarde foram marcados originariamente por profundo MISTICISMO.

hinduísmo. Religião predominante na Índia, definida pela AUTORIDADE dos escritos religiosos chamados *Vedas* e *Upanixades*. O hinduísmo é um aglomerado de tradições religiosas, e não uma fé religiosa singular, pelo fato de que no hinduísmo encontram-se conceitos teístas e monistas sobre Deus e discordâncias profundas acerca de conceitos como natureza ou IDENTIDADE PESSOAL. De modo geral, o hinduísmo é caracterizado pela aceitação da doutrina da REENCARNAÇÃO, ou transmigração da alma, e o objetivo do devoto é a libertação da alma do ciclo de reencarnações. (V. tb. MONISMO; TEÍSMO.)

Hobbes, Thomas (1588-1679). Filósofo inglês conhecido por seu pensamento político e por ter desenvolvido uma EPISTEMOLOGIA mecanicista, determinista, materialista, metafísica e empirista. Na obra *Leviatã*, Hobbes desenvolveu uma espécie de teoria do contrato social, segundo a qual os seres humanos desistem dos direitos herdados da natureza, em que a vida é "solitária, pobre, asquerosa, brutal e curta", e cria uma comunidade cedendo seus direitos a um soberano. O soberano determina o que é justo e injusto; portanto, ele (seja uma pessoa seja um grupo de pessoas) não pode ser injusto. (V. tb. EMPIRISMO; EPISTEMOLOGIA; MATERIALISMO.)

holismo. Termo usado na EPISTEMOLOGIA para designar teorias do significado e da justificação que enfatizam interconexões sistêmicas. São teorias que consideram o significado determinado pelas relações que os conceitos têm entre si, e não pela relação referencial da linguagem com a realidade extralingüística. As narrativas de justificação coerentista e não-fundacionalista são chamadas também holísticas. (V. COERENTISMO; FUNDACIONALISMO.) Em ambos os casos é freqüentemente usada a imagem de uma teia, trama, sendo o significado ou a justificação descritos como uma função do lugar ocupado na teia, trama, de conceitos ou teia, trama, de crenças.

humanismo. Concepção que confere valor e lugar especial aos seres humanos, a suas atividades e conquistas. Originariamente, o termo era usado para destacar o movimento associado com o desenvolvimento e florescimento das ciências humanas — disciplinas que lidam com a natureza humana e suas realizações, como a literatura, a filosofia e as artes. No século XIX, entretanto, o termo foi cooptado por Auguste Comte para designar sua "religião da humanidade", desenvolvida por ele como substituto secular da fé religiosa tradicional. O termo continua a ser usado nesse sentido, como no *manifesto humanista*. Todavia, existe também uma tradição rica do humanismo cristão. Muitos cristãos humanistas estão convencidos de que somente na COSMOVISÃO religiosa o valor da vida humana é verdadeiramente entendido e salvaguardado.

Hume, David (1711-1776). Filósofo escocês que se tornou um dos pensadores preeminentes do ILUMINISMO. Hume era um empirista que declarou que todo o conhecimento de "assuntos triviais" (qualquer conhecimento não fundamentado no significado dos termos) é baseado na experiência sensorial. (V. EMPIRISMO.) Hume desenvolveu fortes argumentos defendendo que nosso conhecimento de causa e efeito e a confiança no RACIOCÍNIO INDUTIVO não são racionalmente justificáveis, mas baseados em "costumes". Na FILOSOFIA DA RELIGIÃO, Hume destaca-se, primeiramente, por seu argumento de que a crença em MILAGRES é irracional porque a evidência de experiências passadas sempre superará um testemunho favorável aos milagres, e, em segundo lugar, pela crítica poderosa acerca da TEOLOGIA NATURAL feita no livro *Diálogos sobre a religião natural*.

Husserl, Edmund (1859-1938). Filósofo alemão, fundador da FENOMENOLOGIA e professor de Martin HEIDEGGER. A fenomenologia é a tentativa de desenvolver uma filosofia que descreva as experiências como são vividas, antes que qualquer teorização científica se desenvolva a partir delas. Husserl ensinava que a CONSCIÊNCIA é intencional e pode ser descrita tanto em relação ao ato subjetivo quanto em relação ao objeto de sua intenção, ambos presentes de forma unificada na experiência. Há uma ironia presente no projeto de Husserl: ainda que sua grande paixão tenha sido tornar a filosofia uma ciência rigorosa de maneira que ela pudesse vir a ser uma disciplina fundacional para todas as outras ciências, sua maior influência foi sentida junto ao existencialismo e aos filósofos pós-estruturalistas, que rejeitam esse ideal e pensam na filosofia como hermenêutica (V. EXISTENCIALISMO; HERMENÊUTICA; ESTRUTURALISMO.)

I

Ibn Rushd. (V. AVERRÓIS.)

Ibn Sina, Abu Ali. (V. AVICENA.)

ícones. Imagens de Cristo e dos santos confeccionadas por membros das igrejas ortodoxas orientais. O termo é usado também, em sentido mais amplo, para designar a capacidade dos seres humanos de idealizar Deus e tornar-se imagens de Cristo. (V. tb. IMAGEM DE DEUS.)

idealismo. Na FILOSOFIA, um sistema de pensamento que considera a mente e as idéias a realidade última, negando a realidade do mundo físico como totalmente física e relegando a realidade da matéria a uma condição inferior. Os exemplos incluem: o fenomenismo de George BERKELEY, que afirma que os objetos materiais são coleções de sensações mentais; a filosofia do espírito de Georg W. F. HEGEL, segundo a qual toda a realidade é uma expressão da mente absoluta; e o conceito hierárquico de PLATÃO sobre a realidade, que destaca as idéias e as formas como a realidade final e os objetos materiais como uma cópia inferior do mundo das idéias. Em contextos não-filosóficos, o termo *idealismo* refere-se a qualquer movimento que possua altos ideais — um movimento que tenta melhorar o mundo e acredita nessa possibilidade.

identidade pessoal. O que faz com que a pessoa seja numericamente o mesmo indivíduo ao longo do tempo. Teorias sobre a identidade pessoal dividem-se em três tipos: 1. teorias psicológicas, que destacam ser a memória ou outro tipo de continuidade psicológica a identidade pessoal; 2. teorias do corpo, que afirmam que a posse do mesmo corpo torna a pessoa idêntica; e 3. teorias não-reducionistas, segundo as quais a identidade pessoal é não-analisável e elementar ou, então, algo que se baseia em um *SELF* não-físico, também elementar. Esse debate filosófico tem implicações diretas sobre a possibilidade de existir vida após a morte sob várias formas, como a IMORTALIDADE incorpórea, a REENCARNAÇÃO ou a RESSURREIÇÃO do corpo. (V. tb. PERSONALIDADE.)

Iluminismo. Movimento intelectual do século XVIII que salientava a AUTONOMIA da RAZÃO humana e questionava o papel tradicional das AUTORIDADES. Immanuel KANT e David HUME incluem-se entre os pensadores mais importantes do iluminismo, apesar de esse movimento incluir ainda indivíduos do talento de Thomas Jefferson. O moto de Kant: "Ouse usar sua razão", expressa bem o ímpeto do Iluminismo. Kant e Hume desenvolveram críticas influentes a respeito das bases racionais da crença religiosa, apesar de o próprio Kant ter pensado que, ao negar o CONHECIMENTO religioso, abria caminho para a FÉ religiosa racional.

imagem de Deus. Qualidades únicas dos seres humanos que lhes permitem refletir o caráter divino. Esse conceito é derivado de Gênesis 1.27, em que Adão e Eva são descritos como tendo sido criados segundo a imagem divina. Os teólogos têm debatido se a imagem de Deus foi perdida ou simplesmente danificada pelo PECADO. Além disso, discutem se essa imagem consiste de um conjunto de propriedades (como a racionalidade e a capacidade de agir com responsabilidade), ou se deve ser vista em nosso relacionamento (pelo fato de a passagem do Gênesis ligar a imagem de Deus ao ato de criar homem e mulher) ou, talvez, em nosso relacionamento especial com Deus.

imago Dei. (V. IMAGEM DE DEUS.)

imortalidade. Aquilo que existe para sempre, ou (mais livremente) o que não tem fim. A maioria dos teólogos pensa que somente Deus é imortal no sentido de não possuir começo nem fim, embora alguns teólogos entendam a imortalidade divina não como temporalmente eterna, mas como estando completamente fora do TEMPO. Muitas religiões (e também filósofos, como PLATÃO) crêem na imortalidade dos seres humanos, no sentido de não terem fim porque a alma imortal sobrevive à morte corporal. Os cristãos não aceitam necessariamente o ponto de vista platônico de a ALMA ser intrinsecamente imortal, mas muitos deles acreditam que a alma continua a existir no período intermediário entre a morte e a RESSURREIÇÃO pela virtude do poder divino. Ainda segundo esse conceito, os seres humanos possuem imortalidade condicional, dependente de Deus. (V. tb. ETERNIDADE/PARA SEMPRE; ATEMPORLIDADE.)

impassibilidade. Atributo do ser de Deus de não ser afetado por nada fora de si mesmo. Os que aceitam a concepção de que Deus é impassível sustentam que ele não pode ser forçado a fazer ou a sentir nada, devido à sua ONIPOTÊNCIA e PERFEIÇÃO. Os críticos deste atributo afirmam que a impassibilidade seria uma barreira para relacionamentos genuinamente amorosos entre Deus e suas criaturas. (V. tb. ATRIBUTOS DE DEUS.)

imperativo categórico. O princípio supremo da MORALIDADE, de acordo com Immanuel KANT. Kant fazia distinção entre o imperativo hipotético (AÇÃO condicional, isto é, o meio para alcançar um fim não necessariamente desejado, como: "Escove os dentes regularmente se quiser evitar cáries") e o imperativo categórico (ordem direta). Kant acreditava na existência de um único imperativo categórico: agir de acordo com as máximas universalmente assumidas como leis racionais. Segundo ele, o imperativo categórico pode ser descrito de maneiras diversas, incluindo a famosa fórmula do "fim em si mesmo". Por essa fórmula, somos forçados a agir de maneira a sempre reconhecer que os agentes racionais têm valor e dignidade intrínsecos e não devem ser tratados como meros meios para obtenção dos objetivos.

imutabilidade. O ATRIBUTO DIVINO de permanecer o mesmo. Muitos teístas clássicos afirmam que a imutabilidade divina é estrita e absoluta pelo fato de Deus ser atemporal. Mais recentemente, alguns adeptos da idéia do Deus eterno têm declarado que, apesar de o caráter e a natureza de Deus serem imutáveis, as experiências de Deus são sucessivas e, portanto, Deus pode sofrer mudanças. (V. ETERNIDADE/PARA SEMPRE; ATEMPORALIDADE.) Ainda mais radical é a afirmação de teólogos do processo de que a própria natureza de Deus evolui. (V. TEOLOGIA DO PROCESSO.)

incorporalidade. O atributo de não possuir corpo. A teologia cristã tradicional afirma ser este um dos ATRIBUTOS DE DEUS. Alguns pensadores opinam que ela é também uma propriedade dos ANJOS. A incorporalidade é compatível com a adoção temporária de uma forma corpórea, como nas teofanias registradas no Antigo Testamento em que Deus apareceu a Abraão e a outras pessoas. Aqueles que afirmam que é um atributo divino essencial adotaram uma variedade de explicações acerca da possibilidade da ENCARNAÇÃO.

inefabilidade. O que não pode ser expresso por meio de linguagem inteligível. Muitos místicos afirmam que uma experiência com o divino é inefável (apesar disso, eles não se sentem impedidos de tentar descrever sua experiência). (V. tb. MISTICISMO; EXPERIÊNCIA RELIGIOSA.)

inerrância. A doutrina de que a Bíblia é completamente confiável e isenta de erros. Esta doutrina tem uma série de aplicações. Os manuscritos originais da Bíblia são considerados inerrantes

— sem erros somente quando interpretados apropriadamente. A interpretação adequada requer atenção ao gênero (poesia, provérbios e história) e responde às questões sobre as intenções do autor e as convenções partilhadas com o leitor. Alguns cristãos endossam a inerrância limitada, afirmando que a isenção de erros aplica-se a certos tipos de verdade que Deus deseja revelar por meio da Escritura toda, principalmente assuntos ligados à moralidade e à teologia. (V. tb. INFALIBILIDADE.)

infalibilidade. A característica de ser completamente confiável, incapaz de errar ou falhar no cumprimento de seus propósitos. Os protestantes aplicam, de modo geral, esta característica à Bíblia; os católicos a estendem ao MAGISTÉRIO e à igreja. Se alguém pressupõe que a Bíblia comunica a verdade revelada, então a infalibilidade logicamente implica, no mínimo, a INERRÂNCIA limitada. Contudo, na prática, alguns teólogos afirmam a infalibilidade, mas não a inerrância das Escrituras, pretendendo indicar, desse modo, que se pode confiar na Bíblia como AUTORIDADE em matéria de fé e prática, ao mesmo tempo que reconhecem a possibilidade de erros históricos e científicos.

inferência da melhor explicação. Tipo de raciocínio no qual a verdade de uma teoria ou proposição é afirmada com base na melhor explicação disponível. Este tipo de inferência é denominado, às vezes de "abdução" pelos que a consideram um tipo de raciocínio distinto da indução e da dedução. (V. ARGUMENTO DEDUTIVO; RACIOCÍNIO INDUTIVO.) A inferência da melhor explicação é comum no cotidiano, nas histórias de detetive e na ciência. Os advogados da APOLOGÉTICA DE CASOS CUMULATIVOS valem-se, naturalmente, desse tipo de argumento ao sustentar a existência de Deus.

inferno. O estado final dos condenados, ou daqueles que estão separados de Deus. Muitas controvérsias filosóficas concentram-se no inferno, especialmente as questões, suscitadas pela TEODICÉIA, a respeito de sua existência. Ainda que o inferno seja concebido tradicionalmente como um lugar de tormento consciente e sem fim, alguns afirmam que as pessoas separadas de Deus são aniquiladas, pelo fato de que separar-se de Deus completamente é perder a existência. Pensadores como C. S. LEWIS, sugeriram que o inferno é conseqüência primária da escolha, e não punição retributiva. O último ato de misericórdia do amor divino para com as pessoas que seriam atormentadas pela presença de Deus é permitir que escapem dela, ainda que esse seja um destino horrível (indescritível) segundo os indivíduos que conseguem compreender o bem perdido. (V. tb. CÉU.)

infinitude. A característica de não possuir barreiras ou limites. No teísmo clássico, vários atributos divinos, como conhecimento, poder e amor, são considerados infinitos. (V. ATRIBUTOS DE DEUS.) Na teoria proposta, o *infinito* é geralmente definido como a propriedade de um conjunto que possui um subconjunto cujos itens correspondem um a um ao conjunto original, como é o caso dos números naturais e até mesmo dos números inteiros. Com respeito às séries, há um debate entre os filósofos sobre a questão da possibilidade do infinito real, oposta a um procedimento que pode, em princípio, ser repetido indefinidamente. Quem nega o infinito real também deve negar que o universo é infinitamente antigo.

inspiração. A característica que designa a ação de ser preenchido e guiado pelo Espírito de Deus. Os profetas do Antigo Testamento eram considerados porta-vozes inspirados. Muitos teólogos cristãos afirmam que a Bíblia é o resultado de inspiração divina, adicionando que esta é a razão de sua inerrância e infalibilidade. A relação entre a inspiração divina e a autoria humana da Bíblia tem sido compreendida de várias maneiras; todavia, de modo geral, a afirmação de inspiração não nega as características humanas que os autores deixaram no texto de muitas formas.

Ireneu (c. 130-200). Pai da igreja que escreveu em língua grega contra as heresias gnósticas de seus dias. (V. GNOSTICISMO.) Ireneu é conhecido por sua afirmação de que Cristo veio realizar todas as perfeições desejadas por Deus para o ser humano, as quais foram perdidas devido ao pecado de Adão e Eva. (V. QUEDA.) Ele também é conhecido por ter inspirado a TEODICÉIA da "criação de almas", que justifica o sofrimento como parte do processo pelo qual os seres humanos se tornam tudo o que podem ser.

islã. Religião monoteísta surgida no século VII, na região atualmente denominada Arábia Saudita, como resultado dos ensinamentos proféticos de Maomé, registrados no *Alcorão*. O islã enfatiza a submissão a Alá (Deus) e aceita o JUDAÍSMO e o cristianismo como religiões parcialmente verdadeiras, baseadas em revelações antigas de Deus. Na Idade Média, o islã forneceu o ambiente propício para a FILOSOFIA DA RELIGIÃO. (V. tb. FILOSOFIA ISLÂMICA.)

J

jainismo. Uma das religiões da Índia, distinta do HINDUÍSMO pela recusa em aceitar a autoridade dos vedas bramânicos. O jainismo originou-se dos ensinamentos de Mahavira, contemporâneo de Gautama (o Buda) no século V a.C. Distingue-se pela ênfase no ascetismo e pelo compromisso com o princípio da não-violência.

James, William (1842-1910). Filósofo e psicólogo americano, é um dos criadores do PRAGMATISMO. Na FILOSOFIA DA RELIGIÃO James é conhecido pelo argumento da "vontade de crer", segundo o qual a FÉ é razoável mesmo que não seja predominantemente apoiada pela evidência. (V. VONTADE DE CRER.) Ele é conhecido também por suas descrições perspicazes da vida religiosa em *The varieties of religious experience* [*Variedades de experiências religiosas*].

Jesus histórico. O objetivo do estudo histórico sobre Jesus de Nazaré é a reconstrução de sua imagem. Teve início no fim do século XVII e continua até o presente, com muitas paradas e recomeços, e originou o movimento denominado "a busca pelo Jesus histórico", uma tentativa de redescobrir por meio da pesquisa objetiva o chamado Jesus da história, que presume-se ter sido distorcido pelos dogmas eclesiásticos. O "Jesus histórico" é muitas vezes diferenciado do "Jesus da fé", definido teologicamente, mas a igreja sempre afirmou a historicidade do Cristo por ela adorado, e tem, portanto, boas razões para acolher favoravelmente o estudo histórico genuíno. É improvável, contudo, que nenhuma imagem histórica reflita de alguma forma a "fé" do historiador que constrói a imagem.

judaísmo. A religião do povo judeu que reconhece a Bíblia hebraica (o Antigo Testamento dos cristãos) como detentora de autoridade. O judaísmo existe sob varias formas — ortodoxo, conservador e liberal —, e cada uma interpreta a AUTORIDADE bíblica de modo diferente. Essa religião teve início na vocação especial do povo judeu, chamado para sair do Egito e liderado por Moisés, a quem a lei de Deus foi outorgada. O judaísmo criou uma tradição multissecular na FILOSOFIA, que vem desde Fílon (no século I), passa por pensadores medievais como Moisés MAIMÔNIDES até os mais destacados filósofos judeus contemporâneos.

juízo final. Avaliação final das obras e do CARÁTER dos seres humanos realizada por Deus. Os cristãos acreditam que a obra salvadora de Cristo é a única esperança para que os homens sejam aceitos no dia do juízo. (V. tb. RETRIBUIÇÃO.)

justiça. Concessão ao povo do que lhe é devido. Como ideal social, a justiça é um conceito primordial da filosofia política. Os filósofos tradicionais também viam a justiça como VIRTUDE pessoal e inquiriam sobre a natureza de uma pessoa justa bem como a possibilidade da aquisição do CARÁTER justo. Na sociedade contemporânea, há muitas discussões sobre a natureza da justiça econômica, da justiça retributiva e da justiça política. Questões teológicas sobre a justiça são formuladas por doutrinas como a da PREDESTINAÇÃO e do INFERNO, entendidas como punição eterna.

justificação. Termo epistemológico positivo de estima, empregado de variadas formas. Uma crença é considerada deontologicamente justificada quando quem crê cumpriu adequadamente seus deveres epistêmicos na aquisição e na manutenção da crença. Uma crença pode ser justificada num sentido mais substantivo quando é baseada numa boa razão, ou possui o tipo certo de fundamentação, algo que torna verossímil ou mais verossímil que a crença é verdadeira. A justificação na epistemologia deve ser obviamente distinta da justificação no sentido teológico, em que o termo se refere à ação divina de aceitar a expiação proporcionada por Jesus como suficiente para garantir que os seres humanos sejam considerados justos, embora sejam ainda pecadores.

Justino Mártir (c. 105-c. 165). Um dos primeiros pais da igreja cristã a avaliar positivamente a FILOSOFIA. Justino acreditava que a filosofia grega continha verdades graças à obra do Cristo, o LOGOS, entendido como o Criador que opera em todas as pessoas.

K

Kant, Immanuel (1724-1804). Um dos maiores filósofos modernos, cuja filosofia crítica tentou sintetizar os ideais do RACIONALISMO e do EMPIRISMO. Kant afirmou, na obra *Crítica da razão pura*, que o conhecimento científico genuíno é possível, mas é o conhecimento da realidade do "fenômeno" — isto é, a realidade como ela se apresenta a nós, e não a realidade em si. O conhecimento humano é sempre estruturado pelo espaço e pelo tempo, as "formas de intuição" da mente humana, e por categorias providas pelo entendimento humano, como causalidade e substância. Como disse Kant, apesar de a TEOLOGIA NATURAL tradicional ser falha, e o conhecimento teórico sobre Deus, impossível, o reconhecimento dos limites da razão dá espaço para a fé moral e racional. Desde que nos esforçamos para viver moralmente de acordo o IMPERATIVO CATEGÓRICO, devemos pressupor racionalmente a liberdade humana, a existência de Deus e a IMORTALIDADE.

Kierkegaard, Søren (1813-1855). Filósofo e teólogo cristão dinamarquês, cujos escritos contêm uma crítica severa a Georg W. F. HEGEL, ao IDEALISMO, à TEOLOGIA LIBERAL e a toda a cultura da cristandade, que declara que somos todos cristãos por termos nascido em país cristão. Kierkegaard considerava-se um missionário cuja vocação era reintroduzir o cristianismo na cristandade. Sua obra filosófica destaca a natureza da existência humana, pelo fato de que ele entendia o cristianismo como forma de existência, mas que as pessoas haviam esquecido o significado de existir como seres humanos. Kierkegaard rejeitou as tentativas apologéticas de tornar o cristianismo razoável, afirmando que o cristianismo do Novo Testamento deve sempre passar por tolo à mente mundana, e que a genuína proclamação do evangelho sempre pode ser ofensiva. Ele enfatizava a diferença qualitativa entre Deus e os seres humanos e realçava a ENCARNAÇÃO como um paradoxo absoluto que a RAZÃO humana não pode compreender, mas em que somente pode crer pela FÉ.

L

lei (moral, divina, natural). Regra prescrita por uma AUTORIDADE controladora. As leis de um Estado ou de uma nação regulamentam tipicamente a conduta ou o comportamento. Os que crêem em Deus têm concepções distintas acerca da lei, ainda que semelhantes em alguns pontos. A lei divina representa os decretos pelos quais Deus governa, e pelo menos alguns deles só podem ser conhecidos por meio de uma REVELAÇÃO divina ESPECIAL. Os adeptos da TEORIA DO MANDAMENTO DIVINO sobre a MORALIDADE aceitam as leis morais como parte da lei de Deus, mas discordam sobre a possibilidade de a lei moral ser conhecida de forma independente da revelação especial. Outros, particularmente os não-teístas, podem usar a expressão "lei moral" metaforicamente, para indicar a força de lei das obrigações morais, ainda que essas obrigações não sejam compreendidas literalmente como leis. O termo "lei natural" é empregado para indicar a lei moral instituída por Deus pelo fato de ter criado o mundo com estruturas e propósitos particulares; agir moralmente é agir de acordo com a natureza, de forma a respeitar as funções naturais das coisas. Comumente, os que descrevem a LEI NATURAL nesse sentido consideram-na como princípios que podem ser apurados sem a necessidade de revelação especial. A "lei natural", nesse caso, deve ser distinta das "leis da natureza" (que são as leis científicas ou físicas). Novamente, os teístas consideram que as leis científicas representam as regras da criação ordenadas por Deus, ao passo que os não-teístas podem usar o termo "lei" metaforicamente para indicar a ordem regular descoberta da CIÊNCIA e definida sob a forma de leis, sem atribuir necessariamente essa ordem a qualquer desígnio intencional.

lei natural. Princípios morais que supostamente governam os seres humanos e podem ser reconhecidos independentemente de REVELAÇÃO ESPECIAL. Os defensores da lei natural afirmam, em geral, que pelo menos os princípios básicos da lei moral são conhecidos de todas as pessoas e, portanto, pode-se afirmar estarem "gravados no coração". A tradição da lei moral liga a "moralidade" às "naturezas" das coisas e ao propósito dessas naturezas. Os teístas opinam que as LEIS naturais foram estabelecidas por Deus, ao passo que alguns naturalistas, que crêem nas leis naturais, usam o termo metaforicamente.

Leibniz, Gottfried (1646-1716). Filósofo racionalista alemão, ensinou que a realidade é composta por mônadas — substâncias simples que não possuem extensão espacial. Deus é a mônada suprema, que cria e conserva todas as outras. As mônadas não interagem de fato entre si, somente parecem fazê-lo devido à "harmonia pré-estabelecida" ordenada por Deus. Leibniz afirmou que Deus é capaz de criar qualquer mundo possível. Concluiu que nosso mundo real é o melhor mundo possível, pelo fato de Deus ser perfeito. Além de suas diversas contribuições para a lógica, Leibniz inventou o cálculo (simultaneamente com Newton). (V. tb. RACIONALISMO.)

Lessing, Gottholt (1729-1781). Filósofo, escritor e crítico literário alemão, desenvolveu um conceito histórico acerca da religião e da VERDADE religiosa. Para Lessing, as grandes religiões mundiais são fundamentalmente estações no caminho do progresso ético da humanidade; nenhuma delas é absolutamente verdadeira. Tornou-se famoso pelo conceito da "horrível e ampla vala" existente entre "as verdades eternas da razão" e as verdades históricas. Ele declarou que essa disparidade lógica torna impossível a aceitação das afirmações históricas do cristianismo com o tipo de certeza demandada pela história. (V. tb. RACIONALISMO.)

Levinas, Emmanuel (1906-1995). Filósofo judeu nascido na Lituânia, cursou carreira na França. Levinas distinguiu-se pela ênfase na ÉTICA como "primeira filosofia" e pelas afirmações de que a ética se baseia mais na experiência direta "da observação do outro" do que na teoria. Ele ensinou que a verdadeira religião parte desse encontro com o Outro, em que descobrimos um Deus que não pode ser considerado objeto.

Lewis, C. (1898-1963). Crítico literário, romancista e apologista cristão, nascido em Belfast, Irlanda do Norte. A popularidade e simplicidade da filosofia APOLOGÉTICA de Clive Staples Lewis esconde a profundidade intelectual de sua obra. Seu livro *Cristianismo puro e simples* é provavelmente a obra de apologética cristã mais bem-sucedida do século XX, e *Crônicas de Nárnia* é amada por crianças e adultos devido à mescla de encantamento, fantasia e perspicácia teológica. Lewis lutou com o problema do MAL, em *O problema da dor*; e com o sobrenaturalismo, em *Milagres*, *The abolition of man* [*A abolição do homem*] concentra-se na importância da emoção e das verdade morais subjetivas para a compreensão da natureza humana. (V. tb. MERO CRISTIANISMO.)

liberalismo (teológico). Movimento da TEOLOGIA protestante, que surgiu no século XIX, dominado pelo objetivo de modificar o cristianismo para torná-lo consistente com a cultura e a ciência modernas. O liberalismo rejeita o conceito tradicional das Escrituras como REVELAÇÃO divina proposital e detentora de autoridade, preferindo o conceito de que a revelação é o registro das EXPERIÊNCIAS RELIGIOSAS evolutivas da humanidade. Preconiza também um Jesus mestre e modelo de ética, e não um redentor e expiador divino.

libertarismo (metafísico). O conceito da ÉTICA e da METAFÍSICA de que os seres humanos podem desejar esporadicamente mais de uma possibilidade. De acordo com essa concepção, a pessoa que fez livremente uma escolha poderia tê-la feito de modo diferente, mesmo se nada no passado anterior ao momento da escolha fosse diferente. O libertarismo, portanto, rejeita o conceito COMPATIBILISTA de que o LIVRE-ARBÍTRIO e o DETERMINISMO são coerentes.

libertarismo (político). Na filosofia política, a teoria segundo a qual a liberdade humana individual é o valor primário, e as restrições governamentais dessa liberdade devem ser limitadas ao necessário para a manutenção de uma sociedade que leve à liberdade. Portanto, o libertarismo oferece uma justificativa do poder estatal contra o anarquismo, mas sustenta que existe justificativa moral unicamente para um estado mínimo suficiente para defender seus cidadãos contra ataques e protegê-los do crime.

linguagem religiosa. (V. LINGUAGEM RELIGIOSA [TEORIAS DA].)

linguagem religiosa (teorias da). Relatos sobre como a linguagem humana pode ser usada significativamente para transferir ou comunicar informações a respeito do Deus transcendente. Na Idade Média, os pensadores desenvolveram teorias sutis de analogia. (V. PREDICAÇÃO ANALÓGICA.) Em meados do século XX, os POSITIVISTAS LÓGICOS desafiaram o significado cognitivo da linguagem religiosa e inspiraram o debate sobre a verificabilidade ou falsificabilidade de tal linguagem. No final do século XX, a obra de Ludwig WITTGENSTEIN sobre "jogos lingüísticos" atraiu muita atenção para o caráter peculiar da linguagem religiosa e para sua relação com formas variadas de vida.

livre-arbítrio. Habilidade de um agente para fazer escolhas genuínas que procedem do SELF. Os libertários afirmam que o livre-arbítrio inclui o poder de determinar a vontade, de tal forma que a pessoa com livre-arbítrio pode desejar mais de uma opção. Os compatibilistas vêem o livre-arbítrio tipicamente como o poder de uma pessoa de agir de acordo com a vontade própria e não compelida por alguma causa externa, permitindo que a vontade do indivíduo seja a causa final da determinação, e não algo fora dela. Os deterministas radicais negam a possibilidade de existência do livre-arbítrio. A maior parte dos teólogos cristãos são unânimes em afirmar que os seres humanos possuem livre-arbítrio em alguma medida, mas discordam sobre o tipo de liberdade necessária. A posse de livre-arbítrio não confere a habilidade de não pecar, pelo fato de a liberdade humana ser moldada e limitada pelo CARÁTER do homem. Assim, uma pessoa pode ser livre para escolher entre possibilidades em algumas situações, ainda que seja incapaz de evitar completamente o PECADO. (V. tb. COMPATIBILISMO; DETERMINISMO; LIBERTARISMO.)

Locke, John (1632-1704). Filósofo inglês defensor do EMPIRISMO na EPISTEMOLOGIA e da teoria do contrato social do Estado. Locke — um dos fundadores da FILOSOFIA moderna — apresentou uma epistemologia empírica parcialmente como um caminho para tentar resolver e controlar conflitos religiosos sangrentos. Ele defendeu uma ética que requer dos homens que examinem suas CRENÇAS e tentem se assegurar de que as sustentam com um grau de confiança proporcional à evidência sobre as quais estão baseadas. Locke pensou que sua epistemologia poderia sustentar uma forma racional de cristianismo limitadora do que denominava "entusiasmo". Seu pensamento político destacava a idéia de que o Estado se baseia num contrato social com os cidadãos e pode, portanto, perder sua legitimidade se esse contrato for rompido. Essa idéia teve muita influência sobre os fundadores dos EUA.

logos. Termo grego que significa "palavra" ou "razão", usado no prólogo do evangelho de João: "No princípio era aquele que é a Palavra [*logos*]". *Logos* é, portanto, um termo que designa o Filho de Deus eterno, a segunda pessoa da TRINDADE, entendida como agente divino na CRIAÇÃO e aquele que ilumina os seres humanos. Vários pais da igreja usaram esse conceito para justificar sua posição diante da FILOSOFIA grega, dizendo que aqueles que não recebram a REVELAÇÃO bíblica poderiam ainda obter algumas verdades por meio da operação de Cristo, o *logos*, nelas.

Lutero, Martinho (1483-1546). Teólogo alemão e pai da Reforma protestante. O ponto central do entendimento que Lutero possuía do evangelho era a ênfase na SALVAÇÃO como obra livre da GRAÇA compreendida pela FÉ. As pessoas não são salvas pelos méritos possuídos, mas por intermédio da obra de Cristo que lhes é conferida por Deus.

luz natural. Forma metafórica de descrever o poder da RAZÃO de discernir algumas VERDADES como certas A PRIORI. René DESCARTES, em particular, descreveu as verdades auto-evidentes (claras e distintas à razão humana) como aquelas que se pode conhecer pela "luz natural". Essa metáfora é parcialmente derivada da forte ênfase dada na Idade Média ao CONHECIMENTO como resultado da iluminação divina sobre a mente.

M

MacIntyre, Alasdair (1929-). Filósofo anglo-americano conhecido por sua defesa da teoria ética aristotélica na obra *Depois da virtude*. (V. ARISTÓTELES.) MacIntyre dá ênfase especial ao papel das tradições e das "práticas" na ÉTICA e tenta desenvolver uma compreensão histórica da ética que não seja historicista (no sentido de não ter relativamente perdido a preocupação com a VERDADE), com atenção especial dada à avaliação de afirmações de tradições rivais. Depois de ter flertado inicialmente com o MARXISMO, MacIntyre retornou à fé cristã.

mágica. Tentativas de atingir objetivos por meio de práticas destinadas a assegurar o auxílio de poderes sobrenaturais ou ocultos. Os teólogos tradicionais afirmam que a ORAÇÃO de petição não é mágica, porque a pessoa que ora não pensa em Deus como um objeto a ser controlado ou manipulado. Alguns estudiosos bíblicos contemporâneos, entretanto, asseveram que essa distinção é primordialmente política. Eles dizem que os grupos religiosos rotulam de "mágicas" as práticas religiosas de grupos que desaprovam. E dizem mais: os MILAGRES de Jesus devem ser entendidos de forma similar ao que comumente se denomina magia. Deve-se notar, todavia, que Jesus realizou milagres, normalmente, sem a ajuda de rituais associados à magia.

magistério. A AUTORIDADE docente da Igreja Católica Romana. O magistério consiste no conjunto dos bispos da igreja sob a autoridade do papa. Os católicos afirmam às vezes que a falta do magistério é uma das fraquezas do cristianismo protestante.

Maimônides, Moisés (1135-1204). Filósofo judeu nascido na Espanha. Estabeleceu-se no Cairo depois de ter escapado da tentativa de o converterem forçadamente ao cristianismo. Ele defendia um conceito bíblico da CRIAÇÃO oposto às teorias aristotélicas da eternidade do mundo, ao mesmo tempo que endossava a TEOLOGIA NEGATIVA, que exige o reconhecimento das qualidades antropomórficas da linguagem bíblica a respeito de Deus. (V. tb. ARISTÓTELES; ANTROPOMORFISMO.)

mal, natureza do. Característica do que é oposto ao BEM. Os cristãos concebem o mal como o que é oposto aos propósitos de Deus. A maior parte dos teólogos cristãos afirmam que o mal não é uma coisa ou substância positiva, mas que deve ser entendido como defeito ou dano na criação divina. Apesar de o mal não ser uma substância, ele possui um caráter positivo e ativo que se encontra enraizado nas ações de agentes livres. A questão de suas características está, portanto, intimamente ligada a questões sobre a natureza da liberdade pessoal e às relações entre as criaturas e seu Criador.

mal, problema do. Dificuldade encontrada na existência do MAL (tanto moral quanto natural) num mundo criado por um Deus absolutamente bom e todo-poderoso. Alguns ateus argúem que, se Deus existisse, não haveria o mal, pelo simples fato de que Deus tanto desejaria eliminar o mal como teria a capacidade de fazê-lo. O argumento de que o mal é logicamente incompatível com a existência de Deus dá a forma lógica ou dedutiva do problema. O argumento de que o mal torna improvável a existência de Deus, ou menos provável, é chamado forma evidente ou provável do problema. Respostas a essas formulações incluem teodicéias que tentam explicar por que Deus permite o mal, geralmente especificando algum bem maior que o mal torna possível, e defesas, segundo as quais é racional crer na justiça divina em permitir o mal, mesmo que não saibamos suas razões. (V. tb. LIVRE-ARBÍTRIO, DEFESA DO; TEODICÉIA.)

maniqueísmo. Conceito religioso desenvolvido por Mani (c. 216-276), que afirmava ser ele o profeta sucessor de Jesus e de

Zoroastro. O maniqueísmo competiu com o cristianismo no Império Romano, e até mesmo AGOSTINHO aderiu a ele em um período anterior a sua conversão ao cristianismo. O maniqueísmo é caracterizado pela ONTOLOGIA dualista — a matéria e o mundo físico são maus, em contraposição com o mundo puro do espírito e da luz. A tarefa do ser humano é obter a libertação do mundo físico por meio de práticas ascéticas. (V. tb. DUALISMO.)

Marcel, Gabriel-Honoré (1889-1973). Filósofo e dramaturgo católico francês, representante da ala religiosa do EXISTENCIALISMO, oposta ao ATEÍSMO de Jean-Paul SARTRE. Marcel enfatizava o papel dos mistérios (distintos dos problemas) na FILOSOFIA. Ele concebia a existência humana como uma jornada e dizia que as ambigüidades da vida humana exigiam de nós uma resposta que revela nosso CARÁTER. "Fidelidade criativa" é o termo cunhado por Marcel para a resposta crucial ao entendimento de outras pessoas e de Deus.

Marx, Karl (1818-1883). Pensador alemão revolucionário, com formação em filosofia social, passou a maior parte da vida na Inglaterra escrevendo sua obra prima *O capital*. Marx, originariamente, era um seguidor de esquerda de Georg W. F. HEGEL, mas tornou-se materialista ao aderir a Ludwig FEUERBACH e inverteu o pensamento de direita de Hegel ao aplicar a DIALÉTICA hegeliana à análise da história como produto da luta entre classes econômicas. Em suas primeiras obras, Marx usou linguagem religiosa e filosófica, mas a substituiu pela análise econômica nas obras posteriores. *O Manifesto comunista*, em co-autoria com Friedrich Engels, foi um documento seminal para o desenvolvimento do comunismo.

marxismo. Movimento filosófico revolucionário fundado por Karl MARX e Friedrich Engels. O marxismo interpreta os fatores econômicos como determinantes na história, com a luta das classes sociais moldadas pelos meios de produção que caracterizam um determinado sistema econômico. O marxismo avalia o capitalismo como a aproximação do fim da história, pelo fato de a produtividade humana, sob o capitalismo, ter crescido tanto que a eliminação da necessidade humana é possível pela primeira vez. Marx predisse que o capitalismo entrará em colapso por criar uma classe crescente de trabalhadores sem posses (o proletariado). Da mesma forma que os bens estão concentrados nas mãos de um pequeno número de capitalistas, a superprodução, devido à falta de poder aquisitivo das massas, constituirá uma crise. Posteriormente, os trabalhadores tentarão derrubar o sistema, criando a ditadura do proletariado, que progressivamente eliminará o Estado, à medida que as classes sociais desaparecerem. Ironicamente, os países nos quais movimentos revolucionários comprometidos com o marxismo assumiram o poder são relativamente retrógrados, como a Rússia e a China. Apesar de o comunismo parecer ter perdido força como movimento revolucionário, o marxismo como teoria filosófica ainda possui influência acadêmica.

materialismo. Conceito sobre a existência única de objetos materiais. O materialismo é usado às vezes como sinônimo de FISICALISMO, mas alguns pensadores distinguem os dois, afirmando que o fisicalismo admite a existência única da matéria e da energia. Alguns materialistas definem seu conceito em termos de CIÊNCIA e declaram que a realidade última consiste em quaisquer partículas ou entes descobertas pelos físicos. (V. tb. MATERIALISMO ELIMINADOR; MATERIALISMO NÃO-REDUTOR.)

materialismo dialético. (V. MARXISMO.)

materialismo eliminativo. Forma de MATERIALISMO que nega a existência de entes mentais distintos em lugar de estabelecer os estados mentais como estados físicos idênticos ou redutíveis a eles. Assim, o materialista eliminativo pode afirmar que, em princípio, um relato científico ideal do mundo pode não fazer referência a entes mentais como "crenças" ou "sensações". O materialista eliminativo, em vez de afirmar que entes como "dores" são de fato processos puramente cerebrais de um certo tipo, declara que, quando a ciência progredir, seremos capazes de entender que o que denominávamos (de forma confusa e errônea) "dores" foi substituído por algo que expresse um tipo apropriado de processo mental.

materialismo não-redutor. Termo usado para designar o conceito que rejeita o DUALISMO MENTE-CORPO, mas ressalta que, apesar de ser objetos materiais, as pessoas não podem ser entendidas somente em termos físicos. O materialismo não-redutor crê na existência de certas propriedades superiores, como a afabilidade e a solicitude, que sobrevêm às propriedades físicas de quem as possui sem ser redutível a elas. A noção de superveniência pode ser entendida de várias maneiras, mas, de forma geral, seus defensores dizem que as propriedades físicas subjacentes são necessárias às propriedades de nível superior, ainda que essas qualidades requeiram conceitos que não podem ser reduzidos ao aspecto físico, mais básico. Um exemplo de materialismo não-redutor é o conceito de que as pessoas são compostas por seus corpos sem ser idênticas a eles. (V. tb. MATERIALISMO.)

mero cristianismo. Expressão usada por C. S. LEWIS (num livro com o mesmo título em inglês) para designar as crenças cristãs essenciais partilhadas por todos os ramos do cristianismo histórico — ortodoxia oriental, catolicismo e protestantismo. Lewis não considerava que alguém pudesse ser um "mero cristão", pelo fato de todos os cristãos deverem afirmar uma versão mais concreta e plena de sua fé. Ele interpretava as várias ramificações do cristianismo como quartos nos quais se poderia morar, ao passo que o mero cristianismo é semelhante a um corredor ou vestíbulo partilhado por todos esses quartos. Por exemplo, a crença na expiação seria parte do mero cristianismo; uma teoria específica sobre a EXPIAÇÃO, não.

metaética. Ramificação da ÉTICA que trata dos significados dos conceitos éticos fundamentais, da justificação das afirmações éticas e do *status* metafísico das entidades éticas. A metaética é geralmente contrastada com a ética normativa, que lida com a aplicação de princípios normativos a campos específicos, como a medicina ou a lei.

metafísica. Ramo da FILOSOFIA que lida com a natureza da realidade. Literalmente, metafísica é o que "está além" ou "depois" da física, por tratar de questões como as seguintes: São os entes postulados pela realidade científica? Deus existe? Os números e outros objetos matemáticos existem de forma independente da mente humana? O termo é às vezes usado de modo pejorativo, para designar a tentativa de desenvolver uma "superciência" impossível, que atingiria a perfeição e a certeza absolutas. O termo também é usado como sinônimo de ontologia, o nome dado para o estudo do ser. (V. tb. ONTOLOGIA.)

metáfora. Termo ou frase que se refere normalmente a algo específico, mas que pode ser usado de maneira incomum, de forma a possuir um referente diverso e que pode ter um sentido também incomum. Portanto, as metáforas são usadas para sugerir algum tipo de semelhança ou similaridade entre duas coisas que não são imediatamente tomadas por iguais. Há um argumento sobre a natureza da metáfora, mas um número crescente de filósofos afirma que as metáforas são essenciais aos avanços cognitivos da CIÊNCIA e da religião e que não são meramente adornos substituíveis pela linguagem literal. (V. tb. LINGUAGEM RELIGIOSA [TEORIAS DA].)

milagre. Acontecimento realizado por um ato especial de Deus. Há muito desentendimento sobre sua definição além dessa concordância mínima. Alguns pensadores argúem que o milagre deve envolver a exceção às leis da natureza ou (pelo menos se imagina) alguma ocorrência que ultrapassa e os poderes naturais ou capacidades das coisas naturais. Outros insistem que o milagre pode ser reconhecido primariamente por seu poder revelador, como sinal que revela algo sobre Deus ou seus propósitos e que tais ocorrências não precisam ser cientificamente inexplicáveis. Desde o famoso ataque contra os milagres, desferido por David HUME, a possibilidade da ocorrência de milagres e o tipo de evidência necessária para a crença neles estão sujeitos a debate. A APOLOGÉTICA tradicional interpreta os milagres como confirmação ou certificação importante de que um profeta ou apóstolo foi genuinamente enviado por Deus. (V. tb. AÇÃO DIVINA.)

mistério. O que ultrapassa a compreensão da RAZÃO humana. Na TEOLOGIA, os mistérios da FÉ são VERDADES reveladas consideradas supra-racionais e não anti-racionais, embora possam ser contrárias às expectativas humanas.

misticismo. Idéia de que é possível a obtenção de conhecimento experimental do que transcende os limites da RAZÃO e da PERCEPÇÃO SENSORIAL dos seres humanos. Quando associada a uma tradição religiosa (como geralmente acontece), o místico afirma que é possível a conscientização do divino como realidade última obtida por meio de certos tipos de experiências, geralmente declaradas INEFÁVEIS. Os teístas interpretam essas experiências como possibilidade de intimidade especial ou união com Deus, mas negam a afirmação do MONISMO, de que em tais experiências o místico se conscientiza da identificação com Deus.

modelo. Representação — que pode consistir de uma estrutura física ou uma coleção de objetos, uma figura, ou uma coleção de entidades abstratas — que possui relação sistemática com o que representa. Tipicamente isso requer a capacidade de alguém traduzir ou mapear tanto os elementos representados como seu relacionamento com o modelo. O modelo é geralmente mais simples que a coisa modelada e, portanto, conduz ao maior entendimento. Na matemática, o modelo requer um relacionamento formal definido precisamente. Empregando computadores, os pesquisadores geralmente simulam ou fornecem um modelo para algum fenômeno complexo, como, por exemplo, as condições meteorológicas. Na filosofia da ciência, o termo pode ser usado de forma menos restrita, da mesma forma que falamos do modelo de um átomo como uma miniatura do sistema solar ou, mais estritamente, quando requer uma fórmula matemática da relação entre o modelo e sua representação. Os teólogos estenderam o conceito de modelo ao afirmar que, mesmo sendo Deus infinito e transcendente, modelos ou aspectos de sua realidade e atividade podem ser produzidos para incrementar nosso entendimento. Da mesma forma que acontece com a ciência, tais modelos necessariamente simplificam e falham na representação plena da realidade proposta, mas podem fornecer idéias e orientações úteis.

modernismo. Movimento que incentiva a modificação do cristianismo para torná-lo relevante e aceitável às pessoas de hoje, enfatizando tanto a ciência como os ensinos sociais e políticos. O modernismo está relacionado ao LIBERALISMO TEOLÓGICO. Apesar de o liberalismo estar mais identificado com o protestantismo, o modernismo foi mais festejado entre os intelectuais católicos no fim do século XIX e início do século XX. (V. tb. PÓS-MODERNISMO.)

molinismo. (V. CONHECIMENTO MÉDIO.)

monismo. Doutrina METAFÍSICA de que a realidade é fundamentalmente una. O monista, portanto, afirma que a pluralidade de objetos que supostamente experimentamos é só aparente, e não totalmente real. O monismo é geralmente ligado ao IDEALISMO absoluto e a certas formas de HINDUÍSMO, principalmente o VEDANTA ADVAÍTA.

monoteísmo. (V. TEÍSMO.)

moralidade. Sistema de regras que deveriam governar idealmente o comportamento humano a respeito do certo e do errado, do BEM ou do MAL. A moralidade é, em linhas gerais, sinônimo de ÉTICA, apesar de alguns tomarem o conceito de ética em sentido mais amplo (incluindo a reflexão sobre a natureza da boa vida, por exemplo) e outros pensarem que uma característica distintiva da moralidade (mas não da ética) é a necessidade da apresentação de "razões públicas" para as regras morais. Certamente há desacordos entre as culturas e dentro das próprias culturas em que as regras morais são válidas e obrigatórias. Alguns concluem a partir desse desentendimento que o próprio conceito de moralidade é relativo. (V. RELATIVISMO.) Contudo, alguma discordância sobre o conteúdo da moralidade é consistente com a existência de padrões morais objetivos.

morte, sobrevivência à. Existência posterior ao fim da vida biológica de uma pessoa. Todas as grandes religiões respondem de alguma forma à questão sobre o que acontece após a morte e as implicações dessa resposta em relação ao significado da vida e da morte. Algumas das formas alternativas de sobrevivência após a morte incluem REENCARNAÇÃO, existência desencarnada da ALMA e a RESSURREIÇÃO corporal (as duas últimas são reconhecidas como estados sucessivos por muitos cristãos).

Outras possibilidades de sobrevivência pessoal incluem a assimilação a algum tipo de mente absoluta ou ser relembrado por Deus. Alguns teólogos anti-realistas contemporâneos pensam na sobrevivência após a morte não como um estado possível, mas como figura ou mito que tem por objetivo dar significado à vida presente. Questões filosóficas levantadas pela possibilidade de sobrevivência à morte concentram-se em questões sobre IDENTIDADE pessoal e a relação da pessoa com o corpo.

mundos possíveis. Formas nas quais o mundo real poderia existir. No mundo real, possuo cabelos castanhos, mas talvez exista um mundo possível no qual eu tenha cabelos loiros. Um conjunto de alternativas ao mundo real constitui um mundo possível se seu escopo for máximo — cada possível conjunto de situações é incluído ou excluído. O conceito do mundo possível é amplamente usado para dar sentido aos conceitos modais de "necessidade" e de "possibilidade", e esses termos figuram de forma proeminente no ARGUMENTO ONTOLÓGICO e em discussões acerca do problema do MAL. LEIBNIZ é geralmente reconhecido como o primeiro a usar o conceito de um mundo possível. (V. tb. NECESSIDADE.)

N

não-cognitivismo. Teoria segundo a qual certas proposições não são verdadeiras nem falsas por falta de significado COGNITIVO (como as ligadas à moralidade e à religião). As teorias não-cognitivas existentes na ÉTICA incluem o emotivismo, que afirma que as proposições éticas expressam atitudes emocionais em vez de declarações verdadeiras ou falsas, e o prescritivismo, que sustenta que proposições morais como: "Dizer a verdade é moralmente correto", são imperativos mascarados e têm a mesma força de: "Diga a verdade!". O não-cognitivismo religioso afirma que as proposições religiosas são similarmente isentas de qualquer verdade ou falsidade. Por exemplo, uma pessoa que crê na vida após a morte, ao contrário de querer afirmar o que acontecerá no além-túmulo, pode estar manifestando certa postura em relação à vida.

naturalismo. Teoria filosófica sobre a existência única da natureza. Os naturalistas negam a existência de DEUS, de ANJOS e de DEMÔNIOS, e são céticos em relação à possibilidade de vida após a morte.

necessidade. Uma das famílias de propriedades modais, junto com a possibilidade e a impossibilidade, atribuídas a proposições, seres e propriedades. (V. SER NECESSÁRIO; VERDADES NECESSÁRIAS.) Um ser possui uma propriedade por necessidade se inexiste um mundo possível no qual ele pudesse existir sem ter essa propriedade. A propriedade possuída por necessidade também é chamada essência do objeto que a detém, pelo fato de sua presença ser essencial ao objeto.

neo-ortodoxia. Movimento teológico, do início a meados do século XX, associado, entre outros teólogos protestantes, a Karl BARTH e Emil BRUNNER. A neo-ortodoxia criticou o LIBERALISMO por menosprezar a TRANSCENDÊNCIA de Deus e a importância da REVELAÇÃO divina. Os teólogos neo-ortodoxos, de modo geral, defendem uma teologia dialética que sustente ênfases paradoxais sempre em tensão, como a soberania divina e a liberdade humana.

neoplatonismo. Escola da FILOSOFIA helenista inspirada em PLATÃO. PLOTINO (205-270) foi a figura seminal e maior representante do neoplatonismo. Essa escola enfatiza que a realidade emana de uma série hierárquica a partir do Uno, a Forma do Bem, e está destinada a retornar para o Uno. As tendências dessa filosofia de desprezar a matéria e cultivar práticas ascéticas influenciaram profundamente vários pais da igreja. (V. tb. CADEIA DO SER; IDEALISMO.)

Newman, John Henry (1801-1890). Teólogo, filósofo da religião e líder eclesiástico inglês. Quando jovem, Newman foi líder do movimento de Oxford (ou tractariano), inspirador da atual ala anglo-católica da Igreja Anglicana. Contudo, em 1845, Newman converteu-se ao catolicismo romano, tornando-se sacerdote e, posteriormente, cardeal. Na obra *Grammar of assent* [*Gramática do assentimento*], Newman descreveu o tipo de raciocínio informal, sensível à experiência concreta, que geralmente está presente no raciocínio humano e que ele considerava fundamental para o pensamento religioso.

Nietzsche, Friedrich (1844-1900). Filósofo alemão cujos conceitos radicais sobre o pensamento humano modelados pelo "desejo de poder" tiveram um impacto profundo sobre os pensadores que o sucederam. Nietzsche anunciou a morte de Deus, e como conseqüência afirmou que as moralidades são criações humanas. A história prévia da humanidade tinha visto a "revolta de escravos" em MORALIDADE — na qual a "moralidade gregária" do BEM e do MAL (JUDAÍSMO, cristianismo, socialismo) havia deposto a "moralidade dos mestres" do bom e do mau (a cultura bélica da Grécia de Homero), que fora criação de verdadeiros aristocratas. O próprio Nietzsche propôs que o "super-homem" poderia transcender o bem e o mal e inventar uma forma totalmente nova de moralidade. Nietzsche considerava as virtudes da moralidade gregária como formas mascaradas de inveja, segundo a qual os fracos expressam seu ressentimentos contra os fortes afirmando que os pobres e os mansos são bem-aventurados. (V. tb. NIILISMO.)

niilismo. Rejeição dos valores e das estruturas morais; literalmente "redução ao nada". O niilista é cético em relação às tradições e às obrigações morais e não as considera obrigatórias. Uma distinção deve ser feita entre a atitude do niilista relutante e penalizado, que acha o niilismo terrível, mas verdadeiro, e a do niilista convicto, que vê o niilismo como forma de libertação das regras opressoras. Friedrich NIETZSCHE é geralmente mencionado em discussões sobre o niilismo, em parte devido a sua ambivalência. Ele descrevia o niilismo à vezes como um destino que assombra a cultura ocidental. Em outras vezes ele parece mais convicto em seu clamor pela construção de uma nova moralidade. Para quem acredita que a moralidade requer uma base transcendente, a filosofia de Nietzsche parece niilista, mas, para os naturalistas que afirmam que os homens podem prover-se de uma base moral, Nietzsche é visto como um guia que aponta na direção do niilismo.

nominalismo. Afirmação de que termos universais como *bondade*, *justiça* e *paternidade* são meramente nomes e não denotam nenhuma qualidade universal e objetiva. Assim, o nominalista afirma um conceito oposto ao do realista platônico, que aceita a realidade independente dos universais. (V. ANTI-REALISMO; CONCEPTUALISMO; PLATÃO; REALISMO.) O nominalismo assevera, de modo geral, que os termos universais são usados para denotar um conjunto de indivíduos agrupados pela mente devido a percepções de similaridade. Isso requer a afirmação de que duas coisas podem ser similares sem partilhar qualquer propriedade universal comum.

numinoso. Aspecto da EXPERIÊNCIA RELIGIOSA discutida por Rudolf Otto em *O sagrado*. Otto descreveu um tipo de experiência religiosa geralmente associada ao TEÍSMO, segundo a qual Deus é experimentado como o "totalmente outro" —

um objeto misterioso, maravilhoso e fascinante. A majestade e a santidade de Deus produzem um senso de assombro, dependência e até mesmo medo da parte de quem vive essa experiência.

O

objetividade. Qualidade do inquiridor imparcial que procura a VERDADE. A natureza dessa qualidade é, contudo, controversa. O ideal da objetividade é a de um pensador completamente neutro, desligado, sem emoções e pressuposições, que possuísse o que Thomas Nagel denominou "a visão de lugar nenhum", ou que visse o mundo, como Baruch ESPINOSA descreveu, sob um ponto de vista divino, "sob o aspecto da eternidade". A objetividade nesse sentido é amplamente combatida por pensadores PÓS-MODERNOS como um ideal impossível e até mesmo indesejável. Entretanto, pode ser distinta da honestidade da pessoa que realmente se preocupa com a verdade e está disposta a respeitar evidências contrárias. Esse tipo de objetividade parece compatível com o reconhecimento da FINITUDE humana e das formas com que nossas paixões e pressuposições podem funcionar, como auxiliares na procura da verdade, em vez de ser meros filtros que a distorcem. (V. tb. RELATIVISMO; SUBJETIVISMO.)

Occam, Guilherme de (c. 1285-1349). Filósofo inglês da Idade Média conhecido como "o doutor sutil". Occam era franciscano e se desentendeu com o papa; teve de fugir de Pisa para Munique devido a suas críticas contra o poder papal. É conhecido por sua rejeição dos universais e é geralmente denominado pai do NOMINALISMO, apesar de vários estudiosos declararem que ele era CONCEPTUALISTA. É também famoso pela "navalha de Occam", ou princípio de parcimônia, que afirma: "as entidades não devem ser multiplicadas além do necessário". Apesar de não ser encontrada nos escritos de Occam, essa frase foi associada a ele por seu estilo filosófico característico.

onibenevolência. Qualidade de ser completamente bom. (V. BEM.) A onibenevolência é um dos tradicionais ATRIBUTOS DE DEUS, e considerado necessário a um Deus perfeito.

onipotência. Qualidade de ser todo-poderoso, normalmente entendida como a capacidade de realizar qualquer AÇÃO logicamente possível e consistente com a natureza divina essencial. A onipotência é um dos tradicionais ATRIBUTOS DE DEUS. Foram feitas muitas tentativas de analisar essa propriedade, centrando-se no "paradoxo da pedra" — uma nítida ilustração das dificuldades lógicas suscitadas pela onipotência. O paradoxo da pedra é formulado assim: "Deus pode criar uma pedra que ele não consiga mover?". Em caso afirmativo, existe algo que Deus não pode fazer (mover a pedra). Mas, se Deus não pode criar tal pedra, então parece existir algo que Deus não pode fazer. A fonte do paradoxo é a questão da possibilidade de um ente todo-poderoso autolimitar-se.

onipresença. Qualidade de estar presente em todos os lugares — um dos tradicionais ATRIBUTOS DE DEUS. Aqueles que crêem que Deus é atemporal ampliam este conceito e afirmam que Deus está presente em todos os tempos. (V. ETERNIDADE/ PARA SEMPRE; ATEMPORALIDADE.) Os teístas tradicionais não concebem Deus espacialmente localizado e, portanto, não crêem na onipresença como presença física ubíqua, mas Deus presente em todos os lugares por virtude de seu conhecimento e poder de ação. Deus tem pleno conhecimento do que acontece em todos os lugares e poder para agir diretamente em qualquer lugar.

onisciência. Qualidade de saber todas as coisas. É um dos tradicionais ATRIBUTOS DE DEUS. A onisciência é geralmente descrita como o conhecimento do valor verdadeiro de cada proposição. (V. VERDADE.) Há controvérsia em torno da compatibilidade da PRESCIÊNCIA divina com o LIVRE-ARBÍTRIO humano, apesar de muitos afirmarem não haver incoerência. (V. COMPATIBILISMO; CONHECIMENTO MÉDIO.) Contudo, alguns declaram que a onisciência divina não se estende a todas as AÇÕES futuras, quer porque essas ações não são ainda verdadeiras ou falsas, quer por ser logicamente impossível conhecer sua verdade.

ontologia. Estudo do ser. A ontologia é geralmente considerada equivalente à METAFÍSICA, mas alguns pensadores, como Martin HEIDEGGER, definem a ontologia como uma busca para entender o significado do ser, diferente da metafísica, que inquire sobre tipos específicos de entes.

ônus da prova. Termo legal para indicar qual parte, num litígio, tem a responsabilidade de apresentar provas para sustentar sua posição. Assim, no sistema criminal dos EUA, o ônus da prova cabe à promotoria; o acusado é considerado inocente até que a promotoria consiga estabelecer sua culpa. Na filosofia, a questão sobre a quem cabe o ônus da prova é geralmente objeto de discussão. Alguns incrédulos apóiam a "suposição do ateísmo", afirmando que a falta de provas sobre a existência de Deus torna o ATEÍSMO a proposição mais racional. Filósofos do campo da EPISTEMOLOGIA REFORMADA, por sua vez, afirmam que a crença em Deus é perfeitamente racional mesmo sem quaisquer provas ou argumentos, desde que não existam argumentos contundentes contra sua existência. A posição intermediária sustenta que nenhuma parte é obrigada a apresentar qualquer tipo de prova; o ponto de vista mais racional é simplesmente o que mais faz sentido à luz dos fatos já conhecidos.

oração. Comunicação com Deus ou (para algumas tradições) outros seres sobrenaturais e espíritos dos mortos. Existem muitas formas de oração, incluindo intercessão, adoração e agradecimento, mas a maioria das discussões filosóficas sobre a oração acontece em torno da oração de petição (quando alguém pede qualquer coisa a Deus). Essas discussões incluem algumas das seguintes questões: essas orações requerem algum tipo especial de AÇÃO divina (chamada também "intervenção", ainda que o termo seja capcioso) no mundo? Pode o Deus ONISCIENTE e perfeitamente bom (V. BEM) ser afetado pelas orações humanas? A resposta a essas perguntas requerem a percepção do motivo que levaria um Deus bondoso a empregar as ações livres dos seres humanos a fim de cumprir seus objetivos.

ordem da criação. Estrutura ou ordem baseada nas intenções divinas no momento da CRIAÇÃO. Os proponentes desta noção afirmam comumente existir "ordens" ou "esferas" particulares da criação, como o estado e a família, cada qual com seus propósitos e normas. O termo também é usado para referir-se a uma ordem ou esfera particular.

ordem do ser/ ordem do conhecimento. Distinção medieval entre a ordem ontológica e a ordem epistemológica. Por exemplo, TOMÁS DE AQUINO acreditava ser Deus a base da existência de todos os outros seres. Portanto, na ordem do ser (ONTOLOGIA), Deus é primário. Contudo, os seres humanos conhecem os objetos finitos primeiramente por intermédio de seus sentidos e precisam inferir a existência de Deus dos atos divinos. Portanto, na ordem do conhecimento (EPISTEMOLOGIA), os objetos finitos precedem a Deus.

Orígenes (c. 185-254). Pai da igreja e escritor residente em Alexandria, cujas obras demonstram a influência recebida de

PLATÃO. Um dos primeiros apologistas do cristianismo, Orígenes sustentou algumas doutrinas que posteriormente foram consideradas heréticas, incluindo a crença na pré-existência da ALMA (não a REENCARNAÇÃO). Ele também ensinou a doutrina da SALVAÇÃO UNIVERSAL e desenvolveu uma teoria sobre a interpretação alegórica das Escrituras.

P

pacifismo. Conceito segundo o qual a guerra é inaceitável, quer por ser inerentemente imoral, quer por que os cristãos devem apresentar um padrão de conduta mais elevado. Alguns pacifistas estendem sua oposição a qualquer tipo de assassinato ou violência. Para os teólogos cristãos, a principal alternativa ao pacifismo é a TEORIA DA GUERRA JUSTA. O pacifismo foi o conceito dominante na igreja primitiva e é a posição historicamente mantida pelos menonitas e quacres.

paganismo. Panorama religioso comum entre os povos pré-cristãos do Oriente Médio e da Europa, geralmente envolvidos com o POLITEÍSMO. O termo é também usado para designar as religiões tribais de outras partes do mundo e, em sentido mais amplo, ao culto ocidental pós-cristão ao dinheiro, à fama, à beleza e a outros bens finitos. Alguns movimentos ligados à Nova Era, como a WICCA, procuram reviver as perspectivas e atitudes pagãs.

pais capadócios. Grupo de teólogos que se tornaram conhecidos pelo desenvolvimento da doutrina ortodoxa da TRINDADE e por sua batalha contra o arianismo. Basílio de Cesaréia, Gregório de Nissa e Gregório de Nazianzo escreveram no período compreendido entre o Concílio de Nicéia (325) e o

Concílio de Constantinopla (381). Seu entendimento da Trindade deu, relativamente, mais ênfase à triunidade divina do que a caracterizada pelos teólogos latinos, como AGOSTINHO, e inspirou a conceito do século XX chamado TRINITARISMO SOCIAL.

Paley, William (1743-1805). Teólogo e filósofo inglês cuja versão do argumento do desígnio tornou-se um aspecto proeminente da TEOLOGIA NATURAL no século XIX. (V. ARGUMENTO TELEOLÓGICO.) A versão de Paley inclui uma analogia ampliada, segundo a qual uma pessoa que nunca viu antes um relógio encontra um e conclui que seu mecanismo foi construído por um ser inteligente. Paley também desenvolveu e defendeu uma versão cristã do UTILITARISMO.

panenteísmo. Conceito de que todo o universo está incluído em Deus, mas não o exaure. O mundo não é distinto de Deus, como no TEÍSMO, mas tampouco Deus é idêntico ao mundo (PANTEÍSMO). Os panenteístas pensam no universo como o corpo de Deus, mas dizem que Deus transcende em muito esse corpo, da mesma forma que uma pessoa transcende seu corpo físico. O panenteísmo é uma posição comum da TEOLOGIA DO PROCESSO.

Pannenberg, Wolfhart (1928-). Teólogo luterano de origem alemã que defendeu o ponto de vista de que a identidade de Jesus pode ser reconhecida e defendida por meio da pesquisa histórica. (V. JESUS HISTÓRICO.) Pannenberg distinguiu-se dentre os teólogos europeus contemporâneos devido ao peso teológico dado aos argumentos históricos apologéticos, declarando que as afirmações feitas por Jesus, de ser o Filho de Deus e o Messias, são confirmadas pela RESSURREIÇÃO como acontecimento histórico.

panteísmo. Crença de que Deus e o mundo são idênticos. O defensor ocidental mais famoso do panteísmo é Baruch ESPI-

NOSA, ao afirmar que Deus e natureza são dois nomes da mesma realidade, que tem mente e extensão material como dois de seus atributos. O termo é usado também para descrever o MONISMO absoluto do hinduísmo VEDANTA ADVAÍTA, segundo o qual a realidade total é idêntica ao Absoluto, que é Deus, e que as distinções que fazemos entre os objetos são apenas parte da aparência.

paradigma. Modelo ou exemplo. O termo foi usado por Thomas Kuhn em *Structure of scientific revolutions* [*Estrutura das revoluções científicas*] como referência a um padrão de pensamento e de explicação incorporado nas práticas e suposições tidas como certas por uma determinada comunidade científica. O paradigma de uma comunidade científica possibilita o que Kuhn denomina "ciência normal". Os paradigmas não são comumente falsificáveis, mas podem ser derrubados por uma revolução científica, criando um novo paradigma.

Pascal, Blaise (1623-1662). Filósofo, matemático e físico francês, cujos escritos sobre o cristianismo foram muito influentes. Em sua obra publicada postumamente *Pensées* [*Pensamentos*], Pascal analisou brilhantemente as ambigüidades da existência humana e defendeu a CRENÇA num mundo no qual a RAZÃO humana não pode obter nenhuma certeza absoluta. Um argumento muito discutido é a "aposta de Pascal", segundo a qual o BEM eterno pode ser obtido por meio da FÉ em Deus, uma opção prudente e racional ainda que não seja possível obter a certeza objetiva. (V. tb. ARGUMENTO DA APOSTA.)

patriarcado, matriarcado. Sociedade dominada por pais ou homens (no caso do patriarcado) ou, mais raramente, por mães ou mulheres (matriarcado). Feministas modernas afirmam que a maior parte das culturas humanas foi dominada pelo patriarcado e que sua influência moldou várias atividades culturais, como a ciência e a filosofia, além da religião, de formas prejudiciais ainda desconhecidas. (V. tb. FEMINISMO; GÊNERO.)

pecado original. Pecaminosidade universal da raça humana (com a exceção de Jesus e — segundo o catolicismo romano — Maria) originada por Adão e Eva e transmitida a sua posteridade. (V. QUEDA.) Algumas línguas preferem o termo *pecado herdado*, apesar de a herança de PECADO ser questionável. Problemas filosóficos suscitados por essa doutrina incluem questões como a relação de Adão e Eva com os demais seres humanos e a responsabilidade e a liberdade desses indivíduos. Alguns fazem distinção entre a pecaminosidade ou predisposição ao pecado herdada e os pecados reais.

pecado. Defeito ou erro fundamental resultante da falha dos seres humanos ao tentar centrar confiantemente sua vida em Deus. O pecado pode ser considerado um estado no qual os seres humanos se encontram alienados de Deus como, também as AÇÕES provenientes de um coração infiel e que contraria a vontade de Deus. Além disso, o pecado pode ser entendido como realidade interna individual e como fator modelador de estruturas sociais. (V. tb. QUEDA.)

Peirce, Charles Sanders (1839-1914). Filósofo americano considerado o fundador do PRAGMATISMO e inventor da semiótica, ou teoria geral dos SIGNOS. Peirce concebia as CRENÇAS primárias como regras para a AÇÃO e considerava a DÚVIDA um estado insatisfatório e incômodo. Assim, ele inverteu a prioridade dada à dúvida por René DESCARTES afirmando a necessidade de uma RAZÃO para duvidar; a mera possibilidade lógica de erro não constitui razão suficiente. As idéias de Pierce foram popularizadas por William JAMES e John DEWEY.

pelagianismo. Doutrina da não destruição completa da vontade humana pelo PECADO ORIGINAL e que, portanto, é possível aos seres humanos alcançar a santidade moral por meio de seus esforços. É associada, às vezes, à concepção de que o pecado original é transmitido pelo meio ambiente e pela cultura e pode ser reduzido por melhorias sociais. Esse conceito é atribuído a PELÁGIO (C. 345- C. 425), monge britânico que se opôs fortemente a AGOSTINHO.

percepção. Faculdade ou poder por meio do qual os seres humanos estão cônscios de outros objetos, além de si mesmos, e também do próprio corpo. Desde os tempos antigos, os filósofos têm debatido acerca da natureza da percepção e de sua confiabilidade. As teorias da percepção podem ser divididas em três tipos: 1) conceitos realistas diretos (os objetos são percebidos diretamente); 2) conceitos realistas representativos (os objetos diretos da percepção são acontecimentos mentais como idéias ou imagens que representam objetos); 3) conceitos idealistas (os objetos percebidos são simplesmente coleções de acontecimentos mentais). (V. ANTI-REALISMO; IDEALISMO; REALISMO.) Apesar de muitas tentativas terem sido feitas para afirmar a confiabilidade da percepção, vários filósofos, como Thomas REID, argumentam que a percepção é uma dentre várias faculdades humanas básicas que devem ser aceitas sem verificação prévia. Recentemente, William ALSTON declarou que a percepção de Deus tem alguma paridade epistêmica com os conceitos de percepção comum. (V. tb. EPISTEMOLOGIA.)

perfeição. O que é completamente bom e não possui defeito. O conceito de perfeição exerceu o papel dominante na TEOLOGIA FILOSÓFICA, pelo fato de Deus ser concebido como o ser possuidor de todas as perfeições. Os defensores da IMUTABILIDADE argúem que um Deus perfeito não pode mudar, pois qualquer mudança implicaria algum potencial divino não concretizado. Alguns pensadores contemporâneos, entretanto, afirmam que esse tipo de imutabilidade é estático e, portanto, menos perfeito do que aquele que pode responder a sua criação e estabelecer relacionamentos mútuos.

personalidade. Condição única partilhada pelos seres humanos, ANJOS e DEUS que envolve a habilidade de pensar, agir e avaliar. As teorias tradicionais acerca da personalidade ressaltam que as pessoas são substâncias de natureza racional. Teorias mais contemporâneas enfatizam a habilidade de agir e de ter emoções e, geralmente, ligam a personalidade à capacidade do uso da linguagem e de relacionar-se com outras pessoas. Muito debates sobre questões éticas (V. ÉTICA), incluindo o da condição dos fetos, dependem dos conceitos sobre a personalidade e sobre seu início e fim nos seres humanos. (V. tb. IDENTIDADE PESSOAL; PERSONALISMO. *SELF*.)

personalismo. Filosofia que destaca o valor intrínseco e a irredutibilidade pessoal, transformando a PERSONALIDADE no conceito central para o entendimento da realidade. Uma versão do personalismo numa forma idealista foi desenvolvida no final do século XIX e início do século XX, na Universidade de Boston, por Borden Parker Bowne e Edgard Sheffield Brightman. (V. IDEALISMO.) Uma versão realista foi desenvolvida pelos neoescolásticos Etienne Gilson e Jacques Maritain em meados do século XX. (V. REALISMO.) (V. tb. IDENTIDADE PESSOAL; *SELF*.)

personificação. Tema central da FENOMENOLOGIA européia que destaca o corpo não meramente como objeto fisiológico, mas como *meu* corpo — o corpo da forma em que é experimentado ou vivido. O termo é usado também pelos panenteístas, que rejeitam o conceito teísta tradicional sobre Deus como transcendendo o mundo em lugar de coniderá-lo personificado na ordem natural. (V. tb. PANENTEÍSMO.)

Plantinga, Alvin (1932-). Um dos principais filósofos da religião e fomentador da EPISTEMOLOGIA REFORMADA, junto com Nicholas WOLTERSTORFF (colega de Plantinga durante muitos anos no Calvin College) e William ALSTON. Plantinga criticou o EVIDENCIALISMO em relação à FILOSOFIA DA RELIGIÃO, afirmando que as crenças religiosas em alguns casos são "propriamente básicas". Esse ponto de vista é sustentado por uma EPISTEMOLOGIA que considera o CONHECIMENTO como constituído de CRENÇAS verdadeiras que são o resultado de faculdades que funcionam normalmente, operando de acordo com o seu "plano designado" de uma forma que é direcionado para a VERDADE, no tipo de meio ambiente no qual foi posto para funcionar.

Platão (c. 427-347 a.C.). Talvez o mais influente filósofo do mundo ocidental. A influência de Platão é tão grande que Alfred North WHITEHEAD declarou que a história da FILOSOFIA ocidental é meramente um conjunto de notas de rodapé em sua obra. Platão escreveu em forma de diálogos, e seu pensamento parece ter evoluído com o passar do tempo. Ele é muito conhecido por sua teoria da JUSTIÇA, desenvolvida em *A república*, pela defesa da imortalidade da ALMA e a teoria sobre as formas, que postula um mundo ideal de universais copiados pelo mundo material ou por seus habitantes. Platão também admitiu uma forma suprema ou absoluta — a forma do Bem ou do Uno. Sua filosofia teve um impacto profundo sobre o pensamento judeu, cristão e islâmico, especialmente sob a forma desenvolvida por PLOTINO e pelos filósofos NEOPLATÔNICOS. (V. tb. IDEALISMO.)

Plotino (205-270). Filósofo helenista, desenvolveu as idéias de PLATÃO num sistema filosófico e religioso que exerceu profunda influência sobre os primeiros escritores cristãos. Plotino enfatizou o Uno ou o Bem — a realidade suprema da qual as demais emanam e para a qual retornam. O Uno não pode ser explicado pela linguagem humana e pelo pensamento discursivo. Plotino mesclou tendências ascéticas e místicas com pensamento filosófico. (V. tb. NEOPLATONISMO).

pluralismo religioso. Situação caracterizada pela existência de diversas opções religiosas e perspectivas sobre religião, com o problema decorrente para os adeptos de um ponto de vista sobre que atitude adotar em relação aos dos demais. Nesse sentido, o mundo contemporâneo é, na maioria dos lugares, inegavelmente pluralista. Entretanto, para alguns, o termo *pluralismo* é tomado em sentido normativo, que implica a aceitação dessa pluralidade e a recusa de julgar uma religião mais verdadeira ou, de alguma forma, superior a outras religiões. (V. tb. RELATIVISMO.)

Polanyi, Michael (1891-1976). Químico e filósofo da ciência húngaro, opôs-se ao REDUCIONISMO. Polanyi enfatizou o papel do que denominava "conhecimento tácito" na descoberta científica (V. CIÊNCIA), que possibilitou levar em conta a importância das COSMOVISÕES e outras pressuposições secundárias, e rejeitou a afirmação de que a obra científica pode ser plenamente formalizada. (V. tb. CONHECIMENTO TÁCITO.)

politeísmo. CRENÇA e veneração de mais de um deus ou ser divino. Várias religiões pagãs são politeístas. (V. tb. PAGANISMO.)

positivismo. FILOSOFIA empírica que restringe o CONHECIMENTO genuíno às chamadas ciências positivas (alegadamente baseadas na evidência dos sentidos). Os positivistas, portanto, tendem a ser céticos em relação ao que não pode ser observado. O positivismo do século XIX está ligado a Auguste Comte e John Stuart Mill. No século XX, o pensamento empírico esteve ligado às técnicas analíticas da lógica simbólica para formar o POSITIVISMO LÓGICO. (V. tb. EMPIRISMO.)

positivismo lógico. Movimento filosófico que surgiu no círculo de Viena, na Áustria, depois da Primeira Guerra Mundial. O positivismo lógico combina o comprometimento com o EMPIRISMO, encontrado no positivismo de Comte do século XIX, com o tipo de análise lógica observada na obra de Bertrand RUSSELL. Afirma a teoria da verificabilidade do significado, em que proposições não-analíticas têm significado COGNITIVO apenas se forem empiricamente verificáveis. Com base nessa teoria, os positivistas lógicos sustentam que as proposições metafísicas e teológicas são disparatadas, e analisam as pressuposições éticas como detentoras de significado meramente expressivo. (V. tb. LINGUAGEM.)

pós-modernismo. Termo usado para designar um conjunto vagamente ligado de tendências e perspectivas em vários campos culturais e acadêmicos que têm em comum unicamente a oposição à MODERNIDADE. Na FILOSOFIA, o pós-modernismo é caracterizado pela suspeição das "metanarrativas", uma ênfase sobre características duvidosas do conhecimento humano e a tendência de analisar várias afirmações intelectuais, incluindo as declarações do ILUMINISMO sobre o caráter universal da RAZÃO e da CIÊNCIA, de forma desconfiada, como uma máscara para cobrir a opressão e a dominação. O termo pós-modernismo é muito usado como sinônimo de pós-estruturalismo, para indicar formas de pensamento dos filósofos pós-modernos influenciadas pelo ESTRUTURALISMO.

pós-morte. (V. VIDA APÓS A MORTE.)

pragmatismo. Movimento filosófico que avalia idéias e CRENÇAS em relação a suas implicações para a AÇÃO. Uma teoria pragmática sobre o significado deve ser distinta da teoria pragmática acerca da VERDADE que rejeita a verdade como correspondência da realidade. (V. TEORIA DA VERDADE COMO COR-

RESPONDÊNCIA.) O pragmatismo foi desenvolvido nos EUA por Charles Sanders PEIRCE, William JAMES e John DEWEY. É uma forma de EMPIRISMO que considera a experiência uma espécie de interação dinâmica entre o *SELF* e o meio ambiente, em lugar de privilegiar as sensações. O movimento foi revivido recentemente e reinterpretado para o público pós-moderno por Richard RORTY.

predestinação. Doutrina segundo a qual Deus, por meio de sua GRAÇA soberana, desde a eternidade, "escolheu", ou predestinou, um grupo de pessoas para a SALVAÇÃO. Alguns teólogos modernos enfatizam a noção de que Jesus é o grande eleito de Deus, escolhido antes da criação do mundo, e que a predestinação da igreja deve ser entendida em relação a estar "em" Cristo ou ser "um" com ele. Alguns calvinistas afirmam a "dupla predestinação" — Deus predestina os que não serão salvos. (V. tb. PRESCIÊNCIA DIVINA; LIVRE-ARBÍTRIO; PROVIDÊNCIA; SOBERANIA.)

predicação (analógica, unívoca e equívoca). Aplicação de termos descritivos, ou "predicados", a Deus. Se uma pessoa afirma que a linguagem humana obtém seu significado da aplicação ao que é finito — objetos criados —, terá, por conseguinte, muita dificuldade em aplicar esses termos a Deus. Recentemente Richard SWINBURNE e William ALSTON afirmaram que alguns predicados podem ser atribuídos de forma unívoca (com o mesmo significado) tanto a Deus quanto às criaturas. TOMÁS DE AQUINO afirmou que qualidades positivas podem ser aplicadas a Deus unicamente de modo analógico. De acordo com esse ponto de vista, por exemplo, não sabemos exatamente o que significa dizer que Deus é bom, mas somente que sua bondade se assemelha à bondade de suas criaturas (apesar de excedê-la). Predicação equívoca é a aplicação da mesma qualidade a Deus e às criaturas com significados diferentes.

predicação analógica. Linguagem usada para descrever a divindade que se encontra entre a linguagem UNÍVOCA, na qual termos aplicados a dois ou mais objetos têm precisamente o mesmo sentido, e a linguagem EQUÍVOCA, que aplica o mesmo termo a duas ou mais coisas com sentidos completamente diversos. Filósofos da grandeza de TOMÁS DE AQUINO afirmam que a linguagem positiva, derivada de nossa experiência no mundo finito, não pode ser aplicada univocamente a Deus, mas que os termos "bondade" e "conhecimento" podem ser aplicados analogicamente a ele, significando que Deus possui, de forma irrestrita, as perfeições que as palavras designam.

presciência divina. O conhecimento divino de acontecimentos futuros, incluindo as livres escolhas humanas. Alguns filósofos alegam que, se o conhecimento de Deus não pode falhar, e o passado não pode ser alterado, o fato de Deus conhecer eventos futuros antes que aconteçam implica que nenhum outro fato poderia ocorrer e que o LIVRE-ARBÍTRIO é uma ilusão (conceito DETERMINISTA). Uma variedade de respostas foram dadas a esse problema, incluindo a que ressalta que Deus é atemporal e não possui conhecimento *anterior* ao acontecimento, mas conhece tudo no "agora" atemporal. Outros aceitam o MOLINISMO, o conceito de que a presciência e a PROVIDÊNCIA estão ligadas ao CONHECIMENTO MÉDIO — o conhecimento de como criaturas livres agiriam em diferentes circunstâncias. Ainda outros limitam a presciência divina ao afirmar que, apesar de a ONISCIÊNCIA abranger o conhecimento de todas as proposições verdadeiras ou falsas, algumas delas acerca do futuro não são verdadeiras nem falsas. De modo similar, outros limitam a presciência divina declarando que Deus pode conhecer todas as coisas que logicamente podem ser conhecidas. Entretanto, é logicamente impossível ter conhecimento infalível anterior às decisões livres.

pressuposicionalismo. Estratégia apologética geralmente associada a Cornelius VAN TIL e a seus alunos. O pressuposicionalismo enfatiza a dependência de todo ser humano de pressuposições básicas e não comprovadas, argüindo que a FÉ bíblica, ou a falta dela, modela totalmente nossas pressuposições. De acordo com esse conceito, não existe ponto comum, ou ele é muito limitado, entre o crente e o descrente; os argumentos apologéticos devem assumir, por conseguinte, a forma de explorações para alcançar a forma de pensamento do incrédulo, procurando revelar as contradições de suas pressuposições equivocadas. (V. tb. EVIDENCIALISMO; EPISTEMOLOGIA REFORMADA.)

princípio da razão suficiente. Afirmação de que deve existir uma explicação para cada fato positivo, uma razão por que esse fato obtém êxito em vez de não consegui-lo. Este princípio é geralmente atribuído a Gottfried LEIBNIZ, na forma de hipótese de que Deus tem razão suficiente para cada escolha que fez. O princípio, ou alguma variação dele, tem papel importante nos ARGUMENTOS COSMOLÓGICOS acerca da existência de Deus, afirmada como única explicação adequada para a existência do universo finito. Quem nega o princípio da razão suficiente está comprometido com a afirmação de que alguns fatos ocorrem sem nenhuma razão e, portanto, que há um elemento não racional em relação ao universo.

problema mente-corpo. O problema metafísico sobre a natureza da mente e sua relação com o corpo. Chamado pelo filósofo Arthur Schopenhauer (1788-1860) de "nó mundial" por seus laços com tantos problemas centrais da FILOSOFIA, o problema mente-corpo permanece um dos grandes mistérios. A maior parte dos filósofos seculares de hoje esposam alguma forma de materialismo, que rejeita a existência da mente, ou alma, como entidade separada, não-física. Entretanto, existe uma pequena concordância acerca de qual forma de materialismo é bem-sucedida ou sobre como o materialismo pode esclarecer os fenômenos da CONSCIÊNCIA e da "intencionalidade" ou a dimensão referencial de estados mentais (o poder dos estados mentais, como crenças, esperanças e medos de ser algo mais, como quando creio que Deus existe ou espero pela Segunda Vinda). Os pontos de vista religiosos tradicionais que afirmam a vida após a morte optam geralmente por alguma forma de DUALISMO, o que parece tornar possível tanto o pós-vida incorpóreo (com base em alguns conceitos da alma e da mente) quanto o pós-vida ressurreto, no qual a alma anima um novo corpo. Os materialistas que sustentam o pós-vida ressurreto devem afirmar que o novo corpo é idêntico ao corpo que morreu, uma afirmação problemática.

profecia. (V. ARGUMENTO PROFÉTICO.)

providência. Cuidado amoroso e governo que Deus exerce sobre o universo criado. A descrição tradicional da providência é a de um Deus ONISCIENTE, ONIPOTENTE e perfeitamente bom (V. BEM), que tem conhecimento exaustivo do passado, do presente e do futuro e exercita esse poder de forma a assegurar que cada ocorrência é parte de seu plano perfeito. Recentemente alguns têm questionado esse conceito de providência ao afirmar que ele não faz justiça à liberdade humana. De acordo com uma opinião revista, Deus conhece todas as possibilidades e sabe que atitudes deve tomar para assegurar que seus objetivos sejam alcançados. As questões suscitadas pela noção de providência estão intimamente ligadas aos problemas provenientes da PREDESTINAÇÃO e da compatibilidade entre a PRESCIÊNCIA DIVINA e o LIVRE-ARBÍTRIO humano. (V. tb. SOBERANIA.)

puritanismo. Movimento de reforma profundamente influenciado pelo calvinismo mas que inicialmente era parte da Igreja da Inglaterra, cujo ápice foi atingido no século XVII, na Inglaterra e nos EUA. O estereótipo do puritano como uma pessoa pudica e legalista é muito equivocado; os puritanos apreciavam sua cerveja e sabiam rir. Eles foram agentes de renovação cultural em esferas tão diversas quanto a poesia e a filosofia política, e deixaram uma marca profunda nas colônias fundadas na Nova Inglaterra. (V. tb. TRADIÇÃO REFORMADA.)

Q

Queda. Para os cristãos tradicionais designa a desobediência de Adão e Eva, pais da raça humana, que mergulharam a humanidade no PECADO e na morte e que macularam a criação divina originalmente boa. Muitos teólogos contemporâneos tratam o relato da queda como um mito e consideram a narrativa uma descrição figurada da condição humana, em vez de a descrição de um fato histórico.

R

raciocínio indutivo. Em sentido estrito, raciocínio que conduz à generalização tomando por base exemplos particulares dessa generalização. Um exemplo desse enunciado poderia ser dado assim: "Este ganso é branco; o próximo ganso também é branco; e também o seguinte. Portanto, todos os gansos são brancos". Com exceção da indução matemática, em que as premissas da argumentação implicam necessariamente a conclusão, os argumentos indutivos não são sempre corretos. Em sentido mais amplo, o raciocínio indutivo significa qualquer raciocínio no qual a conclusão não está logicamente ligada às premissas (ou, em outras palavras, a qualquer forma de raciocínio que não seja dedutivo). Inferências feitas a partir do efeito para a causa ou da causa para o afeito, e inferências probabilísticas de cunho geral são argumentações indutivas. (V. tb. ARGUMENTO DEDUTIVO.)

racional. Qualidade de uma CRENÇA ou AÇÃO que está de acordo com a RAZÃO. Há diferentes formas de racionalidade. Uma pessoa é deontologicamente racional quando cumpriu suas obrigações ou deveres racionais (independentemente de quais sejam). (V. TEORIA DEONTOLÓGICA.) Nesse sentido, uma pessoa pode ser racional e sustentar uma falsa crença enquanto ela tiver boas razões para crer e não tiver violado quaisquer deveres ao formá-la. Outro sentido de racionalidade relaciona-se com a VERDADE. Nesse sentido, pode-se dizer que uma prática formadora de crença é racional se puder resultar em uma crença verdadeira.

racionalismo. Teoria de que a RAZÃO provê o melhor ou o único caminho para a VERDADE. Na FILOSOFIA, o racionalismo como teoria epistemológica geralmente contrapõe-se ao EMPIRISMO, que enfatiza o papel da experiência vivida na aquisição da verdade. Nesse contexto, a razão é entendida como faculdade distinta da sensação e da memória. Os filósofos racionalistas desse tipo incluem René DESCARTES, Baruch ESPINOSA e Gottfried LEIBNIZ. Na TEOLOGIA, o termo racionalismo geralmente designa a posição que subordina a REVELAÇÃO à razão humana ou rejeita totalmente a revelação como fonte de CO-NHECIMENTO. Nesse sentido, o empirista pode ser um racionalista que dá precedência à razão humana sobre a revelação (entendendo a razão em sentido mais amplo, que inclui as faculdades de sensação e memória). (V. tb. EPISTEMOLOGIA; RACIONAL.)

razão. Faculdade ou capacidade que permite aos humanos pensar ou deliberar, perceber conexões entre proposições e extrair inferências apropriadas. A razão pode ser tomada em sentido amplo ou restrito. Em sentido restrito, geralmente contrapõe-se à sensação e à memória como o poder de fazer deduções, e as verdades conhecidas pela razão são deduzidas A PRIORI ou puramente por meio da reflexão. Em sentido mais amplo, a razão se refere à capacidade humana de tornar o CONHECIMENTO possível, incluindo a memória e a sensação. (V. tb. RACIONAL; RACIONALISMO.)

realismo. CRENÇA na existência de entidades reais independentes dos seres humanos. Existem vários tipos de realismo, dependendo do escopo da teoria e da posição anti-realista antagônica. O IDEALISMO é um tipo de ANTI-REALISMO. O anti-realista pode sustentar, por exemplo, como George BERKELEY, que "existir é ser percebido" e que, portanto, os objetos físicos não existem se forem imperceptíveis. (Contudo, Berkeley também pode ser visto como um tipo de realista pelo fato de afirmar que Deus sempre esteve presente para perceber os objetos e, em seguida, fundamentar a existência real de entes não percebidos pelos homens.) Uma forma popular de anti-realismo contemporâneo afirma que proposições verdadeiras sobre objetos no mundo dependem dos conceitos humanos empregados para entendê-los, e, portanto, o que é verdadeiro a respeito do mundo depende parcialmente de como nós, humanos, pensamos acerca do mundo. O realismo (e seu antagonista, o anti-realismo) também pode ser restrito a regiões particulares. Assim, alguém pode ser realista (ou anti-realista) em relação às entidades científicas inobserváveis, como os *quarks*, ou às entidades lógicas abstratas, como conjuntos e números.

redenção. Uma das imagens ou metáforas empregadas pelo Novo Testamento — e, conseqüentemente, pela igreja — para entender a obra salvadora de Cristo. A imagem é extraída da antiga instituição da escravidão, que permitia a libertação de um escravo por meio de sua compra (redenção). O Novo Testamento interpreta a vida, morte e ressurreição de Jesus como a libertação dos seres humanos da escravidão ao PECADO por meio da expiação desse pecado. (V. tb. EXPIAÇÃO; SALVAÇÃO.)

reducionismo. Tentativa de explicar algum setor ou campo pela demonstração de que ele pode ser derivado de algum setor ou campo mais básico ou descrito na linguagem desse setor ou campo. Um fisicalista, por exemplo, pode tentar reduzir o conceito da mente ao mostrar que entidades como pensamentos e percepção podem ser reduzidas a estados fisiológicos do cérebro. (V. FISICALISMO.) Na CIÊNCIA, uma redução bem-sucedida requer a demonstração de como as leis de um setor podem ser derivadas das leis de um setor mais fundamental. O reducionismo está ligado geralmente a uma atitude que procura descrever o que foi explicado ou "reduzido" como irreal.

reencarnação. Crença de que após a morte a pessoa renasce. Essa doutrina foi ensinada por PLATÃO e é amplamente assumida pelas religiões que surgiram na Índia, especialmente o HINDUÍSMO e o BUDISMO. Essas religiões ensinam que uma pessoa passa por sucessivas reencarnações de acordo com o carma (o princípio moral que garante ao indivíduo colher o que semeou) até que a purificação final seja alcançada, e o ciclo da encarnação termine. A reencarnação é entendida, naturalmente, mais como renascimento da ALMA num novo corpo, apesar de os budistas negarem a existência material da alma.

Reid, Thomas (1710-1796). Filósofo escocês amplamente considerado o fundador da escola realista escocesa ou FILOSOFIA DO SENSO COMUM. Reid interpretou a filosofia de David HUME como o resultado cético da teoria das representações de idéias, ou mentais, iniciada por René DESCARTES e John LOCKE. Ele desenvolveu uma forma de REALISMO em que as sensações não são os objetos diretos da percepção, mas, ao contrário, são os meios pelos quais somos diretamente apresentados a eles. Seu pensamento teve muita influência sobre a EPISTEMOLOGIA REFORMADA. Reid destacava a necessidade de começar com uma atitude de confiança nas faculdades humanas (razão, percepção, memória, testemunho) sem insistir em provas RACIONAIS para confirmá-las.

relacionamento eu-tu. Termo criado por Martin BUBER para designar o possível relacionamento especial entre duas pessoas quando elas se relacionam de modo totalmente pessoal e não consideram seu interlocutor um objeto a ser manipulado, ou um meio para chegar a um fim. Buber acreditava que esse tipo de relacionamento possibilitaria um diferente conhecimento do outro, e que seria possível relacionar-se assim com Deus — o "tu" absoluto.

relacionamento natureza-graça. A relação entre a ordem natural e a obra de redenção realizada por Deus em Cristo. Os católicos, principalmente na Idade Média, tendiam a pensar que a "graça pressupõe a natureza e a aperfeiçoa" (palavras de TOMÁS DE AQUINO). Alguns pensadores reformados duvidavam dessa fórmula sob a alegação de que ela não reconhecia o estado decaído da ordem natural. (V. QUEDA). Este ponto é particularmente importante para a ÉTICA e para a questão se a ética cristã implica uma ética da LEI NATURAL ou se, ao contrário, deve ser entendida como um sistema distinto de pensamento ético.

relativismo. Negação de quaisquer padrões objetivos ou absolutos, especialmente em relação à ÉTICA. (V. OBJETIVIDADE.) Os relativistas éticos podem ser relativistas individualistas, que afirmam que o moralmente correto depende das crenças ou emoções individuais, ou relativistas culturais, que sustentam que o moralmente correto varia em sociedades diferentes. (V. SUBJETIVISMO.) De forma análoga, o relativismo sustenta na EPISTEMOLOGIA que a verdade é dependente do indivíduo ou da cultura.

relativismo cultural. (V. RELATIVISMO.)

ressurreição. Doutrina cristã de que os redimidos por Cristo estão destinados a viver novamente em corpos renovados e transformados depois da morte. O modelo é a ressurreição de Jesus, cujo corpo foi ressuscitado dentre os mortos no terceiro dia após sua crucificação. A natureza dos corpos ressuscitados é misteriosa, mas a igreja ensina tradicionalmente que haverá tanto continuidade quanto descontinuidade entre os corpos terrenos atuais e os corpos espirituais ressurretos.

retribuição. Recebimento do que alguém merece; em particular, a punição pelo MAL. O cristianismo afirma tradicionalmente a doutrina do JUÍZO final, no qual Deus julgará todas as pessoas tomando por base suas AÇÕES na terra. A igreja também ensina que Deus julgou o PECADO por meio dos sofrimentos e da morte de Jesus (entendidos como a expiação dos pecados dos seres humanos possibilitando, assim, que enfrentem o juízo divino sem terror). A teoria retributiva da punição é a que considera a punição não somente como dissuasão ou incentivo para a renovação, mas como algo que os transgressores merecem. (V. tb. JUSTIÇA.)

revelação. O que Deus torna conhecido acerca de si mesmo e do processo pelo qual essa percepção é concedida. A maior parte dos teólogos faz distinção entre a REVELAÇÃO GERAL sobre Deus dada na natureza e nas experiências humanas quase universais (como o sentido de dependência) e as revelações especiais dadas a pessoas específicas e transmitidas por meio delas na história, particularmente pelos profetas e o próprio Jesus — a suprema revelação divina.

revelação especial. Revelação concedida por Deus por intermédio de pessoas, experiências, escritos ou acontecimentos históricos particulares. A revelação especial é normalmente distinta da REVELAÇÃO GERAL.

revelação geral. Termo usado para destacar o conhecimento sobre Deus possibilitado pelo mundo natural, incluindo experiências religiosas gerais de admiração e dependência. Os defensores da revelação geral afirmam ser ela suficiente apenas para fornecer o conhecimento sobre a existência de um Criador poderoso, apesar de outros declararem que a bondade divina também poder ser percebida por meio da ordem natural. A revelação geral distingue-se da REVELAÇÃO ESPECIAL que Deus concedeu em ocasiões particulares na história por intermédio de profetas, apóstolos e especialmente (para os cristãos) de Jesus de Nazaré. A revelação especial provê conhecimento mais sólido sobre o caráter e as ações de Deus em relação a sua criação. (V. tb. REVELAÇÃO.)

Ricoeur, Paul (1913-). Filósofo protestante francês, lecionou na Universidade de Paris e na Faculdade de Teologia da

Universidade de Chicago. Ricoeur tem sido um dos líderes do desenvolvimento da hermenêutica filosófica baseada no método fenomenológico de Edmund HUSSERL, que destaca a descrição da experiência vivida. Ricoeur, apesar de enfatizar a necessidade da "hermenêutica de suspeição" exemplificada por Sigmund FREUD, Karl MARX e Friedrich NIETZSCHE, advoga a possibilidade da "segunda ingenuidade", que ultrapassa a dúvida. Ricoeur trabalhou o "simbolismo do mal", as filosofias da literatura e da ação além da FILOSOFIA DA RELIGIÃO.

romantismo. Movimento literário e filosófico do final do século XVIII e início do século XIX, enfatizava o sentimento espontâneo e a liberdade individual como resposta ao RACIONALISMO do ILUMINISMO. Na TEOLOGIA, o romantismo teve influência significativa sobre Friedrich SCHLEIERMACHER.

Rorty, Richard (1931-). Principal proponente americano da FILOSOFIA pós-moderna. (V. PÓS-MODERNISMO.) Formado em FILOSOFIA ANALÍTICA, Rorty argúi que o colapso do FUNDACIONALISMO deve conduzir à rejeição dos conceitos filosóficos tradicionais acerca da VERDADE como representações exatas da realidade e aceitar o PRAGMATISMO de John DEWEY. Segundo Rorty, o filósofo deve assumir uma perspectiva irônica que não reconhece nenhum fundamento para a defesa de seus conceitos além das práticas e preferências lingüísticas pessoais. A filosofia é um esforço persuasivo e retórico que não pode ser radicalmente diferenciado da literatura.

Rousseau, Jean Jacques (1712-1778). Filósofo francófono nascido na Suíça, cuja influência sobre a teoria política e as teorias sobre a educação foram enormes. Rousseau opinava que os seres humanos eram naturalmente bons, mas foram corrompidos pela educação e pela sociedade. Sua teoria política destaca a liberdade individual, mas subordina, em última instância, a vontade individual à geral, estabelecida por um contrato social que permite aos indivíduos viver conjuntamente como cidadãos. As idéias de Rousseau influenciaram a Revolução Francesa e ajudaram no desenvolvimento do ROMANTISMO.

Russell, Bertrand (1872-1970). Britânico, especialista em lógica, defensor de causas sociais e um dos pais fundadores da FILOSOFIA ANALÍTICA. Em parceria com Alfred North Whitehead, Russell escreveu *Principia mathematica* [*Princípios matemáticos*], uma tentativa de provar que a matemática é totalmente derivada da lógica. Apesar de freqüentemente mudar seu posicionamento filosófico, Russell sempre manteve algum tipo de REALISMO, pois considerava a CIÊNCIA como paradigma do CONHECIMENTO humano e rejeitava a religião e a moralidade sexual tradicional.

S

salvação. Termo cristão para designar a obra divina de libertação dos seres humanos do poder do PECADO e do diabo por intermédio da vida, morte e RESSURREIÇÃO de Jesus. Em sentido mais amplo, a palavra salvação pode significar a restauração divina da totalidade da ordem criada aos propósitos originais. (V. tb. EXPIAÇÃO; CONVERSÃO, REDENÇÃO.)

santidade. Qualidade de Deus e de coisas e pessoas reservadas para Deus que distingue quem ou o que a possui como "diferente" e "de outra qualidade" em relação às coisas comuns da criação. Moisés, quando encontrou-se com Deus na sarça ardente, estava temeroso e foi-lhe dito que removesse as sandálias, porque o lugar era santo. No Novo Testamento, a santidade assumiu as características de justiça e de pureza moral. O movimento *Holiness* [Santidade] é composto por igrejas, especialmente as de tradição wesleyana, que enfatizam a santificação como obra distinta da GRAÇA. (V. tb. MORALIDADE.)

Sartre, Jean Paul (1905-1980). Escritor e filósofo francês reconhecido mundialmente por ter desenvolvido o EXISTENCIALISMO no período após a Segunda Guerra Mundial. O ponto nevrálgico da filosofia sartriana é a afirmação da responsabilidade e da liberdade individuais. Apesar de não criarmos nossa situação, somos sempre livres para negá-la e interpretá-la, e somos responsáveis, em última instância, pelo que nos tornamos. Sartre, devido a seu ATEÍSMO, afirmava não existir nenhuma esfera ideal de valores independentes da escolha humana. Ao contrário, estamos "desamparados" enquanto enfrentamos o mundo "absurdo".

Schaeffer, Francis (1912-1984). Pensador, escritor e palestrante evangélico que teve enorme influência sobre os jovens evangélicos nas décadas de 1960 e 1970. Schaeffer era um ministro presbiteriano bíblico que partiu para o serviço missionário na Suíça em 1948. Com sua esposa, Edith, criou L'Abri — um ministério direcionado aos jovens europeus e americanos. A partir de suas palestras surgiram os livros *O Deus que se revela* e *A morte da razão*, que popularizaram seus pontos de vista na cultura ocidental e apontaram o irracionalismo como conseqüência da rejeição do cristianismo bíblico. A análise da história feita por Schaeffer teve amplo alcance, cobrindo áreas diversas como arte, filosofia e política. Nos últimos anos de vida, ele deu grande ênfase aos males do aborto.

Schleiermacher, Friedrich (1768-1834). Influente pensador da teologia protestante liberal, acreditava que o fundamento da TEOLOGIA era a experiência humana e não a Bíblia, por ele considerada uma coletânea valorosa de experiências. Influenciado pelo ROMANTISMO, Schleiermacher tentou defender a religião de seus "inimigos culturais" procurando adaptá-la à cultura moderna. (V. tb. LIBERALISMO [TEOLÓGICO].)

secularismo. Sistema de crença, atitude ou estilo de vida que nega ou ignora a existência de Deus. Termo derivado de um vocábulo que significa "mundano", o secularismo (e sua expressão filosoficamente articulada, o humanismo secular) destaca a ordem natural das coisas como realidade final. Incrivelmente, porém, o secularismo pode ser encarado como uma atitude que afeta até mesmo quem afirma crer em Deus e no sobrenatural. Grande parte da cultura moderna pressiona as pessoas a viver de forma a marginalizar Deus e a torná-lo insignificante em relação à vida cotidiana. (V. tb. HUMANISMO.)

self. O "eu", centro da reflexão consciente e fonte de atividade intencional, geralmente considerado idêntico à ALMA. Há muito debate filosófico sobre a natureza do *self* e seu relacionamento com o corpo. Pode alguém sobreviver à morte do corpo? Pensar numa pessoa como um *self* é destacar especialmente a dimensão subjetiva, interior, do ser dessa pessoa — estou cônscio de mim mesmo como um *self* de uma forma que não posso estar em relação a ninguém. Há muita controvérsia em torno da liberdade e da responsabilidade do *self*. Pode um *self* cônscio transcender em qualquer grau as forças causais que lhe deram forma? (V. tb. IDENTIDADE PESSOAL; PERSONALIDADE.)

ser necessário. Ser cuja existência não é mero acidente ou resultado contingencial, mas cuja natureza é existir necessariamente. Tradicionalmente, entende-se DEUS como um ser necessário, e esse é o aspecto do conceito sobre Deus que fundamenta O ARGUMENTO ONTOLÓGICO. Um ser necessário pode ser definido (de acordo com Gottfried LEIBNIZ) como aquele que existe em cada mundo possível. (V. tb. NECESSIDADE.)

sexualidade. Dimensão dos seres humanos e dos animais baseada na distinção entre machos e fêmeas. Na FILOSOFIA contemporânea, muitos pensadores opinam que a sexualidade é pelo menos parcialmente uma construção cultural e, portanto, usam o termo gênero para aspectos da humanidade que refletem ser macho e fêmea para indicar a falta de determinação biológica. Filósofos PÓS-MODERNOS valem-se do GÊNERO, assim concebido, como importante dimensão do *self* humano que molda profundamente a filosofia e a TEOLOGIA, bem como a cultura humana em geral, porque muito do pensamento tradicional reflete um preconceito machista inconsciente. (V. tb. PATRIARCADO, MATRIARCADO.)

signo. Ente que contém informação, particularmente sobre algo além de si mesma. A semiótica, ou teoria dos signos, abrange três áreas de estudo: 1) a sintaxe trata das relações que os signos têm entre si; 2) a semântica avalia as relações entre os signos e o que eles significam; e 3) a pragmática se ocupa das formas como os signos são usados. Na TEOLOGIA de Paul TILLICH, o signo é distinto (de forma muito característica) do símbolo, já que o símbolo é considerado participante ou possuidor de algumas das relações internas que comunica.

símbolo. (V. SIGNO.)

simplicidade. O termo possui dois sentidos: 1) falta de complexidade de difícil descrição, mas desejável, em doutrinas científicas; 2) o ATRIBUTO DIVINO de ser completamente unificado e não ter partes distintas. Na filosofia da ciência, é amplamente aceito que os cientistas escolham entre diversas teorias igualmente coerentes com os fatos baseando-se na simplicidade, apesar de existir pouco acordo sobre como a simplicidade poderia ser um critério de VERDADE ou mesmo sobre seu conteúdo. O critério de simplicidade é também aplicado de forma epistemológica a outros campos. Por exemplo, alguns teólogos afirmam que pensar sobre o conhecimento e poder divinos como infinitos é preferível por ser mais simples do que atribuir a Deus alguma quantidade de poder e conhecimento finita, mas arbitrária. A simplicidade, na teologia, é uma das propriedades mais misteriosas atribuídas a Deus pelos escolásticos medievais, porque parece implicar a não-distinção entre a existência e a essência de Deus, entre sua vontade e seu intelecto, ou ainda entre algumas de suas propriedades.

Smith, Wilfred Cantwell (1916-2000). Um dos advogados proeminentes do pluralismo religioso. Smith, apesar de ter sido missionário cristão na Índia, opôs-se à tentativa de conversão dos adeptos das grandes religiões mundiais, afirmando que todas elas representam caminhos alternativos para Deus. Smith não considerava as religiões como conjuntos de doutrinas abstratas, mas como práticas que se "tornam verdadeiras" na vida de quem crê. (V. tb. PLURALISMO RELIGIOSO.)

soberania. Posse de autoridade e poder finais. Na teoria política, o Estado é geralmente considerado soberano, ao passo que na TEOLOGIA a soberania é uma característica do Criador todo-poderoso e conhecedor de tudo, que rege o universo para cumprir seus propósitos. O conceito de soberania divina é particularmente enfatizado por pensadores agostinianos e reformados (calvinistas). (V. tb. ATRIBUTOS DE DEUS; TRADIÇÃO REFORMADA.)

Sócrates (c. 470-399 a.C.). Um dos mais importantes filósofos gregos. Acusado de corromper a juventude com sua FILOSOFIA e de minar a religião da cidade pela recusa de reconhecer seus deuses e de introduzir novas divindades, foi executado pelos atenienses. Sócrates mesmo não escreveu nada, mas exerceu uma influência incalculável sobre a historia da filosofia por meio da reprodução de suas idéias feita por PLATÃO numa série de diálogos. Nas conversas diárias com os atenienses, Sócrates desafiou e questionou a sabedoria da época, afirmando ser mais sábio do que seus contemporâneos unicamente por reconhecer que não sabia nada. A verdadeira sabedoria, disse Sócrates, era virtude dos deuses. Ele considerava o trabalho filosófico um chamado divino e recusou-se a cessar sua atividade para salvar a própria vida. O Sócrates crítico é considerado herói pela filosofia secular contemporânea, mas o Sócrates religioso (que aparentemente ouvia vozes e que tinha certeza de que "nada pode fazer mal ao homem bom na vida e na morte" porque "os deuses não são indiferentes a sua sorte") não é tão aclamado.

sola fides. Expressão latina que significa "fé somente". Refere-se à doutrina da Reforma de que a SALVAÇÃO procede totalmente da FÉ e de forma alguma é o resultado de boas obras.

sola gratia. "Só a graça", em latim. É uma referência à convicção da Reforma de que a SALVAÇÃO acontece exclusivamente por meio da GRAÇA divina, e que mesmo a FÉ salvadora é devida à graciosa ação de Deus e não pode ser considerada uma conquista humana meritória.

sola Scriptura. Em latim "só a Escritura". Refere-se ao conceito da Reforma de que só a Bíblia pode servir como AUTORIDADE final para a igreja. De forma estrita, os reformadores não excluíram a TRADIÇÃO eclesiástica como se ela não tivesse valor, apenas insistiram que ela é subordinada aos ensinamentos da Escritura.

solipsismo. Conceito de que as pessoas possuem conhecimento direto somente de seus estados de consciência e estão, de alguma forma, alienadas da realidade alheia. A forma extremada é o solipsismo ontológico, que nega a realidade de qualquer coisa fora da própria mente. A negação de que uma pessoa possa conhecer o mundo exterior, ou outras mentes, pode ser considerada uma forma de solipsismo epistemológico. (V. tb. PERCEPÇÃO.)

Strauss, David Friedrich (1808-1874). Mais conhecido por sua obra *A vida de Jesus* (1835), obra pioneira e influente na mais alta crítica bíblica alemã. Formado em Tübingen, Strauss foi um dos primeiros a declarar abertamente que os aspectos sobrenaturais nas narrativas dos evangelhos eram mitos não-históricos. Ele também foi um dos primeiros a ensinar que considerar os textos como mitos permitiria alcançar seu verdadeiro significado metafísico. (V. tb. LIBERALISMO [TEOLÓGICO].)

subjetivismo. FILOSOFIA ou perspectiva de vida que procura considerar subjetivo o que é normalmente visto como objetivamente verdadeiro ou falso. Na ÉTICA, o emotivismo, que considera os juízos éticos como expressões de emoções subjetivas, é um exemplo de subjetivismo. O subjetivismo é, de fato, um tipo de RELATIVISMO individual. (V. tb. OBJETIVIDADE.)

substância. Na FILOSOFIA, o que existe independentemente como entidade objetiva. Uma substância, um cachorro, por exemplo, é distinta de uma propriedade, a cor do cachorro, que a substância deve possuir. Apesar de o termo substância ser derivado do latim, vários termos gregos foram traduzidos por substância, o que criou muita confusão teológica. A doutrina da TRINDADE é comumente formulada como a crença de que Deus existe em três pessoas com uma substância. Alguns filósofos cristãos afirmam que Deus não pode ser considerado substância porque o termo tem um caráter muito estático ou porque é aplicado originalmente a criaturas finitas. Outros rejeitam totalmente a categoria pela impossibilidade da existência de algo que seja independente de Deus. Mas esse conceito aproxima-se demais do PANTEÍSMO de Baruch ESPINOSA.

supererrogação. AÇÕES morais que ultrapassam a exigência do dever, especialmente as louváveis e indicativas de CARÁTER superior. Alguns protestantes são críticos do conceito de supererrogação pelo fato de os seres humanos jamais cumprirem seus deveres morais, quanto mais excedê-los. Entretanto, há um sentido claro em que certas ações — por exemplo, a decisão de doar um rim a uma pessoa estranha — ultrapassam o que é requerido pelo dever e parecem expressar um grau de caráter moral mais elevado. (V. tb. ÉTICA; MORALIDADE.)

Swinburne, Richard (1934–). Um dos proeminentes filósofos da religião da tradição FILOSÓFICA ANALÍTICA. Swinburne, catedrático de Oxford, construiu sua reputação com uma trilogia na qual defendeu, inicialmente, a coerência do TEÍSMO, em seguida discutiu sobre a possibilidade da existência de Deus e, por fim, sustentou a racionalidade da CRENÇA cristã. Desde essa época, ele tem tratado vários tópicos de especial relevância para o cristianismo, incluindo a TRINDADE, a EXPIAÇÃO e a REVELAÇÃO. A obra de Swinburne é notável por seu rigor e confiança na probabilidade indutiva.

T

taoísmo. Antiga COSMOVISÃO filosófico-religiosa desenvolvida na China. O termo se origina do vocábulo chinês *tao*, que significa "caminho". Os taoístas crêem na existência de uma estrutura ÉTICA e METAFÍSICA que sustenta a estrutura cósmica e que os seres humanos que compreendem isso podem dirigir sua vida de forma correta. Essa estrutura, entretanto, ou *tao*, é INEFÁVEL, e, da mesma forma, nosso conhecimento dele não tem caráter proposicional. Os filósofos taoístas mais famosos são Chuang Tse e Lao Tse.

teísmo. Conceito sobre Deus segundo o qual ele é um ser infinito, todo-poderoso, conhecedor de todas as coisas, completamente bom, vivo e criador do universo. Equivalente ao monoteísmo. (V. tb. ATEÍSMO; PANTEÍSMO; PANENTEÍSMO; POLITEÍSMO.)

teísmo aberto. Conceito teológico segundo o qual alguns atributos tradicionalmente ligados a Deus pelo TEÍSMO clássico devem ser rejeitados ou reinterpretados. (V. ATRIBUTOS DE DEUS.) Seus defensores rejeitam a afirmação de que Deus é atemporalmente eterno, preferindo vê-lo como perpétuo, ou "para sempre"; embora acreditem que o caráter essencial de Deus é imutável, ele pode de alguma forma mudar para responder apropriadamente à criação mutável. (V. ETERNIDADE/PARA SEMPRE; IMUTABILIDADE.) Ainda mais controversa é a afirmação dos teístas abertos de que a PRESCIÊNCIA divina é limitada pelo fato de Deus ter concedido LIVRE-ARBÍTRIO aos seres humanos. Os teístas abertos argúem que sua posição é mais consistente com a descrição bíblica sobre Deus que a do teísmo clássico, que julgam ser distorcida pela adoção do conceito filosófico grego da PERFEIÇÃO. Os críticos do teísmo aberto afirmam que esse conceito não faz justiça à SOBERANIA divina. O teísmo aberto possui certas semelhanças com a TEOLOGIA DO PROCESSO, mas as diferenças são significativas: metodologicamente, os teístas abertos têm em alta conta a AUTORIDADE da Bíblia; e, substantivamente, aceitam a noção de Deus como agente pessoal e os acontecimentos miraculosos da Bíblia são totalmente rejeitados pelos teólogos do processo. Os teístas abertos, diferentemente dos adeptos da teologia do processo, não possuem nenhuma razão particular para desafiar o esquema de conceitos tradicionais das substâncias que possuem propriedades, algumas das quais essenciais.

tempo. Relação que os acontecimentos sucessivos no universo têm entre si. Parece impossível descrever a natureza dessa relação sem empregar alguma noção do tipo "antes e depois". Isto confirma o famoso comentário de AGOSTINHO de que ele sabia o que o tempo é até que alguém lhe pedisse para defini-lo. Os filósofos divergem vigorosamente acerca do "tempo" e do "tornar-se". O tempo é vivido por nós como uma série de "agoras" que rapidamente se transformam em passados e prenunciam os "agoras" futuros. Entretanto, diversos filósofos alegam que ocorrências temporais são simplesmente uma seqüência ordenada (a "série B") e que aquilo que se pode identificar como "tornar-se" é apenas aparência. Os teólogos divergem também sobre a relação de Deus com o tempo, e a maioria dos teólogos tradicionais afirma que Deus é eterno no sentido de ser atemporal. (V. tb. ETERNIDADE/ PARA SEMPRE; ATEMPORALIDADE.)

teodicéia. Resposta ao problema do mal, a teodicéia procura "justificar os atos de Deus em relação ao homem" ao explicar os motivos divinos para permitir o MAL. As duas teodicéias mais importantes são a "teodicéia da criação de almas", que afirma que Deus permite o mal para possibilitar que os seres humanos desenvolvam certas virtudes desejáveis, e a "teodicéia do livre-arbítrio", segundo a qual Deus tinha de permitir a possibilidade de que o mal fosse desejado a fim de outorgar o LIVRE-ARBÍTRIO aos homens (e aos seres angélicos). As teodicéias são distintas, de modo geral, das justificações que destacam a razoabilidade da crença de que Deus tem motivos para permitir a existência do mal ainda que não os conheçamos.

teologia. Estudo ordenado e sistemático sobre Deus e as relações com suas criaturas. Existem tipos diferentes de teologia.

A TEOLOGIA FILOSÓFICA tenta discernir o que pode ser conhecido a respeito de Deus sem pressupor qualquer tipo de REVELAÇÃO particular ou ensino eclesiástico detentor de AUTORIDADE. A teologia bíblica se esforça para extrair teologia com base no estudo de textos bíblicos e subdivide-se em ramos específicos, como teologia do Novo Testamento, teologia paulina, teologia marcana etc. A teologia sistemática se vale da teologia bíblica e da teologia filosófica para desenvolver uma descrição abrangente sobre Deus e suas relações com o mundo. A teologia dogmática tenta desenvolver seu estudo com base nos ensinos (ou DOGMAS) da igreja ou de alguma igreja específica.

teologia da libertação. Movimento teológico desenvolvido na América Latina na década de 1960, enfatizando o evangelho como o poder que liberta os oprimidos da injusta estrutura econômica, política e social. A teologia da libertação tem por base a preocupação especial que a Bíblia demonstra pelos pobres, mas gerou controvérsia pela aplicação da análise inspirada no marxismo sobre as causas da pobreza e da opressão. (V. tb. JUSTIÇA; MARXISMO.)

teologia dialética. (V. NEO-ORTODOXIA.)

teologia do processo. Abordagem teológica inspirada no pensamento filosófico de Alfred North WHITEHEAD e Charles Hartshorne, sendo Shubert Ogden um de seus principais proponentes. Os teólogos do processo rejeitam a descrição clássica sobre Deus como IMUTÁVEL e TRANSCENDENTE em favor de um Deus que parcialmente evolui por meio de sua relação com o mundo criado. O problema do MAL soa diferente nesse contexto. Pelo fato de os teólogos do processo não acreditarem necessariamente que a ordem natural foi criada a partir do nada, o mal é devido parcialmente à natureza desobediente dessa ordem, em que Deus trabalha persuasivamente com suas criaturas para o BEM. A teologia do processo diferencia-se do teísmo aberto, que questiona a doutrina clássica da PRESCIÊNCIA divina, apesar de existir pontos similares entre as duas teologias.

teologia filosófica. Pesquisa filosófica sobre as principais crenças dos teólogos e conceitos sobre TEOLOGIA. Além dos argumentos a favor ou contra a existência de Deus, os teólogos filosóficos tentam analisar os ATRIBUTOS DE DEUS: ONIPOTÊNCIA, ONISCIÊNCIA e ETERNIDADE e também (com respeito ao cristianismo) avaliar a coerência e a plausibilidade de doutrinas teológicas como a da TRINDADE, da EXPIAÇÃO e da ENCARNAÇÃO.

teologia natural. Disciplina que procura obter CONHECIMENTO sobre Deus independente de qualquer REVELAÇÃO divina ESPECIAL. Os teólogos naturalistas tentam inferir a existência de Deus baseando-se em ARGUMENTOS TEÍSTICOS, como os ARGUMENTOS COSMOLÓGICO e TELEOLÓGICO, bem como na reflexão sobre a experiência humana geral. A teologia católica afirma tradicionalmente o valor da teologia natural, ao passo que muitos protestantes, principalmente os de TRADIÇÃO REFORMADA, entusiasmam-se menos com essa possibilidade.

teologia negativa. Tradição que destaca a TRANSCENDÊNCIA divina por meio da tentativa de entender Deus pelas propriedades que ele não possui. Nessa tradição, Deus é descrito por meio da não atribuição a ele das propriedades finitas de outros objetos. Deus, portanto, não depende de nada, nem é limitado por um corpo ou pelo tempo, tampouco em conhecimento e poder. A teologia negativa é geralmente ligada ao MISTICISMO, que alega possibilitar experiências INEFÁVEIS que permitem vislumbrar o conceito positivo sobre Deus.

teoria da guerra justa. Teoria ética sobre a legitimidade da participação dos cristãos em guerras, se cumpridas certas condições. Elas incluem o seguinte: a causa deve ser justa; a guerra tem de ser declarada por um governo legítimo; os métodos usados devem ser morais; a guerra precisa ser o último recurso; e é necessário que exista uma chance razoável de se atingir os objetivos da guerra. A teoria da guerra justa é o ponto de vista predominante entre os teólogos católicos, luteranos e reformados sobre a participação dos cristãos na guerra. Tem sido tradicionalmente rejeitada pelos menonitas, quacres e membros de outras igrejas pacifistas. Atualmente, essa teoria tem sido cada vez mais questionada nas tradições religiosas que a mantiveram, especialmente devido à possibilidade de um conflito nuclear. (V. tb. PACIFISMO.)

teoria da verdade como correspondência. O ponto de vista mais natural e mais amplamente sustentado da VERDADE proposicional afirma que uma proposição é verdadeira ao corresponder ou estar de acordo com a realidade. O centro da teoria da verdade como correspondência é a noção comum de que a verdade ou falsidade de uma proposição é determinada por uma realidade independente. Portanto, esse conceito acerca da verdade está ligado ao REALISMO metafísico. Quando desenvolvido além dessa noção da verdade baseada no senso comum (por exemplo, pelo postulado metafísico de um âmbito de fatos em acordo com proposições), a teoria da correspondência torna-se controversa. Suas maiores rivais são as teorias da verdade coerentista e pragmática que ligam a verdade ao pensamento e à ação do homem. (V. tb. COERENTISMO; PRAGMATISMO.)

teoria da verificação do significado. Teoria sustentada por positivistas lógicos, resumida no *slogan*: "O significado de uma proposição é seu método de verificação". O POSITIVISMO LÓGIco, popularizado na literatura inglesa por A. J. Ayer, afirma que todas as proposições que possuem significado cognitivo (verdadeiro ou falso) ou são analíticas (verdadeiras ou falsas unicamente pelo significado de seus termos) ou são verificáveis pela experiência sensorial. O ponto central desse conceito é a alegação de que todas as proposições não-analíticas são empiricamente verificáveis. Os positivistas acreditavam que isso demonstraria que as proposições religiosas e metafísicas eram sem sentido. Infelizmente, para os positivistas, percebeu-se logo que a teoria da verificação do significado não passava em seu teste de significado: ela não parece ser verdadeira por definição e não é empiricamente verificável. Descobriu, também, que várias proposições científicas não eram diretamente verificáveis. Mas, quando a teoria foi afrouxada a fim de permitir tais proposições de significado, demonstrou-se facilmente que as proposições teológicas e metafísicas também eram significativas de acordo com os critérios mais frouxos. (V. tb. LINGUAGEM RELIGIOSA, TEORIAS SOBRE.)

teoria deontológica. Teoria ética sobre a correção ou o erro de AÇÕES não completamente determinadas por conseqüências (do grego *deon*, "obrigação, necessidade"). Portanto, o deontologista afirma que algumas ações são erradas por si mesmas (ou pelo menos erradas *prima facie*), não erradas pelos resultados decorrentes da ação. Immanuel KANT é o mais famoso defensor da teoria ética deontológica. A ÉTICA cristã tradicional também tende a afirmar que determinados tipos de ação são totalmente errados, ou errados sob quaisquer circunstâncias.

teorias do mandamento divino. Teorias éticas baseadas na afirmação de que pelo menos uma das razões da correção ou do erro de certas AÇÕES baseia-se no mandamento ou na proibição de Deus. Os filósofos tendem a rejeitar as teorias de mandamento divino, alegando que elas tornam os deveres éticos arbitrários ou afirmando sua incompatibilidade com a AUTONOMIA moral. (V. DILEMA DE EUTIFRON.) Contudo, filósofos como Robert Adams e Philip Quinn apresentaram defesas convincentes de teorias de mandamento divino contra essas críticas. (V. tb. ÉTICA.)

teorias kenóticas. Teorias sobre a ENCARNAÇÃO, inspiradas em Filipenses 2.7 (do grego *kenoô*, "esvaziar") e outras passagens do Novo Testamento, nas quais se afirma que, ao se tornar humano, o Deus Filho esvaziou-se (pelo menos temporariamente) de alguns de seus ATRIBUTOS DE DEUS, como ONIPOTÊNCIA, ONISCIÊNCIA e ONIPRESENÇA. As teorias *kenóticas* sobre encarnação induziram algumas pessoas a desenvolver teorias *kenóticas* sobre a natureza divina, que consideram que a essência de Deus está em seu amor altruísta que livremente se limita para permitir alguma AUTONOMIA a sua criação.

Tertuliano (c. 160-230). Um dos mais importantes pais da igreja. Tertuliano escreveu em latim e exerceu, assim, forte influência sobre a igreja ocidental. Talvez ele seja mais conhecido por sua atitude polêmica em relação à FILOSOFIA grega, patente em sua memorável pergunta: "Que Atenas tem de ver com Jerusalém?". Escreveu diversas obras apologéticas e teológicas importantes, mas no fim da vida aderiu ao montanismo.

Tillich, Paul (1886-1965). Um dos teólogos protestantes mais importantes do século XX. Tillich considerava Deus "o fundamento do ser" e afirmava que devemos ir além do Deus do TEÍSMO (agente consciente, capaz de agir e relacionar-se). A fé, para Tillich, é um estado de "suma preocupação", e ele declarava que a fé sadia demanda um objeto infinito. Quando a fé é dirigida a um objeto finito, obtêm-se formas de idolatria do tipo do nacionalismo e do racismo.

tolerância. Considerada uma das principais VIRTUDES pelas sociedades ocidentais modernas. A tolerância é geralmente confundida com a recusa relativista de criticar um ponto de vista diferente ou de fazer qualquer juízo de valor substantivo. (V. RELATIVISMO.) Todavia, de forma lógica, a tolerância é coerente com uma atitude de forte discordância ou reprovação. Podem existir diversos conceitos que eu tolere (no sentido de que concebo o direito que essas pessoas têm de pensar assim), ainda que os considere errôneos ou prejudiciais. A tolerância também é confundida às vezes com o respeito, mas as duas atitudes são distintas. Posso respeitar um rebelde politicamente comprometido mesmo que não tolere seu comportamento. Posso tolerar pessoas que não respeito.

Tomás de Aquino (1225-1274). O mais famoso e influente filósofo e teólogo medieval. Destaca-se pela síntese que elaborou da teologia cristã com a filosofia de ARISTÓTELES. Sua abordagem geral resume-se na máxima memorável: "A graça pressupõe a natureza e a aperfeiçoa". Ele é mais conhecido ainda pelas "cinco vias", por meio das quais demonstrou a existência divina como a causa primeira do movimento e do desígnio e como o SER NECESSÁRIO causador dos seres contingentes no mundo natural. Os escritos de Aquino contêm o pensamento ricamente desenvolvido sobre um conjunto amplo de temas filosóficos e teológicos, incluindo ÉTICA e teoria política. Apesar de acreditar que a razão natural pode provar a existência de Deus, ele não julgava a razão competente para conhecer a essência divina nesta vida, afirmando que muitas doutrinas cristãs essenciais devem ser aceitas pela fé, por terem sido reveladas por Deus.

tomismo. Conceitos filosóficos inspirados em TOMÁS DE AQUINO, que elaborou a síntese do pensamento cristão com a filosofia aristotélica. (V. ARISTÓTELES.) O tomismo é mais forte entre os pensadores católicos romanos e é caracterizado pela confiança na TEOLOGIA NATURAL, apesar de incluir também a forte afirmação de que algumas verdades cristãs podem ser assumidas unicamente com base na fé em uma REVELAÇÃO ESPECIAL. De forma geral, a tradição tomista acredita que "a graça pressupõe a natureza e a aperfeiçoa". Entre os neotomistas do século XX, encontram-se Étienne Gilson e Jacques Maritain.

Torrance, Thomas (1913-). Importante teólogo escocês contemporâneo, é pesquisador e intérprete de Karl BARTH. Fortemente influenciado pelos pais da igreja grega e por João CALVINO, Torrance tem sido um líder na reflexão teológica acerca da CIÊNCIA e do método científico. Ele concebe as doutrinas teológicas (a TRINDADE, por exemplo) como análogas às construções científicas que abrem a porta da imaginação para uma realidade que não pode ser plenamente compreendida.

tradição. Corpo de sabedoria ou doutrinas recebidas, passadas adiante e desenvolvidas por uma comunidade histórica. Derivada de um vocábulo que significa "passada adiante", tradição significava, originariamente, as Escrituras e as doutrinas transmitidas pelo povo judeu e, posteriormente, (no cristianismo) pela igreja. O termo é entendido agora de modo mais amplo, como referência a qualquer crença transmitida por uma comunidade, de modo que se pode falar da tradição hindu bem como de qualquer forma específica de tradição cristã, como a TRADIÇÃO REFORMADA. A AUTORIDADE relativa das tradições da igreja expressas nos credos e nos concílios, quando comparadas com as Escrituras, era um dos assuntos debatidos durante a Reforma, já que os reformadores destacavam a Bíblia como autoridade maior que a tradição. (V. tb. *SOLA SCRIPTURA*.)

tradição reformada. Tradição cristã especialmente influenciada pela obra de João CALVINO e de seus seguidores. A tradição reformada é destacada por sua ênfase na SOBERANIA de Deus e no mandato de que os cristãos tentem transformar e redimir as várias esferas da sociedade humana.

transcendência. Mais alto ou que ultrapassa outras coisas. Algo só é transcendente relativamente ao que é transcendido. Deus é concebido pelos teólogos tradicionais como um ser transcendente em relação ao universo criado, significando que ele está fora do universo e que nenhuma parte do universo é idêntica a ele ou faz parte dele. Pensar em Deus como transcendente em relação ao TEMPO é concebê-lo como ATEMPORAL. Immanuel KANT acreditava que Deus é transcendente no sentido de situar-se além da possibilidade de qualquer experiência humana. Os teólogos geralmente contrapesam a ênfase na transcendência divina com a ênfase em sua imanência no mundo criado incorporada em seu conhecimento e sua ação no mundo. No século XX, alguns teólogos do processo e teólogas feministas criticaram a afirmação da transcendência a favor de um conceito que considera Deus e o mundo como intimamente unidos. (V. tb. FEMINISMO; TEOLOGIA DO PROCESSO.)

transcendentais. Na FILOSOFIA clássica, os predicados universais, como unidade, ser e bondade, supostamente aplicáveis a todas as coisas e transcendentes a qualquer esquema de classificação como o fornecido pelas CATEGORIAS de ARISTÓTELES. Tudo o que existe deve ser considerado uno, bom, existente etc.

transcendentalismo. Movimento religioso não-ortodoxo da Nova Inglaterra do século XIX, influenciado pelo ROMANTISMO, que enfatizava a intuição A PRIORI. Ralph Waldo Emerson e Henry David Thoreau, os mais famosos transcendentalistas, eram ávidos leitores de Samuel Taylor Coleridge, mas havia pouca concordância entre eles.

transubstanciação. Teoria sobre a eucaristia oficialmente ensinada pela Igreja Católica Romana. Segundo esse conceito, na comunhão a substância ou essência do pão e do vinho é miraculosamente transformada no corpo e no sangue de Cristo, ainda que os "acidentes" (aparência exterior) do pão e do vinho permaneçam os mesmos.

Trindade. O conceito cristão de DEUS como um em essência, apesar de existir como três pessoas distintas: Pai, Filho e Espírito Santo. As sementes da doutrina encontram-se no testemunho do Novo Testamento sobre Deus se revelando em três formas: como o Pai, fonte de todas as coisas; como a Palavra divina, que se tornou carne para revelar o Pai e redimir a raça decaída; e como o Espírito, que concede vida e unidade à igreja e testemunha acerca do Pai e da Palavra divina. A terminologia teológica usada pela igreja para expressar a doutrina tem mudado de significado com o passar do tempo. Os pais gregos falaram sobre três *hipóstases* (entes) em uma *ousia* (ser ou substância), que em latim se transformaram em três *personae* em uma *substantia*. Os termos usados para definir pessoa, entretanto, em grego e em latim, não possuíam o forte sentido de autoconsciência individual encontrado no termo moderno.

trinitarismo social. Teorias sobre a TRINDADE inspiradas em alguns pais da igreja de origem grega que enfatizavam a distinção das três pessoas da Trindade e entendiam a unidade trinitária como a união de uma comunidade. (V. PAIS CAPADÓCIOS.) O perigo deste conceito é o desvio para o triteísmo, a crença em três deuses.

U

universalismo. Crença que todas as pessoas serão salvas no futuro e que ninguém se perderá eternamente. Alguns universalistas sustentam que todos se salvarão devido à obra de Cristo, mas outros negam a divindade exclusiva de Cristo e a necessidade de sua obra para a SALVAÇÃO, preferindo um conceito pluralista, segundo o qual todas as religiões são igualmente válidas. O universalismo não deve ser confundido com o conceito de que *algumas* pessoas que não possuem fé consciente em Cristo, nesta vida, possam ser salvas. Deve também distinguir-se do aniquilacionismo, que afirma que todos os eternamente perdidos deixarão de existir por completo.

unívoco. Adjetivo que descreve o *status* de um termo usado no mesmo sentido no decurso de um argumento ou quando aplicado a Deus e a objetos finitos também no mesmo sentido. (V. tb. PREDICAÇÃO ANALÓGICA; EQUÍVOCO; PREDICAÇÃO [ANALÓGICA; UNÍVOCA; EQUÍVOCA.)

utilitarismo. Teoria ética, sustentada por alguns pensadores como Jeremy Bentham e John Stuart Mill, segundo a qual a correção moral é determinada pelo que conduz ao bem maior para o maior número de pessoas. (V. ÉTICA; BEM.) Os utilitaristas tradicionais identificam o bem maior com a FELICIDADE, que definem como prazer e ausência de DOR, ao passo que os utilitaristas "ideais" se dispõem a incluir outras coisas boas além do prazer em seu cálculo de benefícios. O conceito tradicional é mantido por vários defensores dos direitos dos animais, que alegam que os prazeres e as dores dos animais têm grande peso moral (igual a dos humanos em alguns casos). Os utilitaristas do ato declaram que a retidão moral é determinada pelas conseqüências de atos particulares, ao passo que os utilitaristas da regra sustentam que a MORALIDADE é uma questão de conformidade às regras ou aos princípios e que o conjunto correto de princípios é aquele que levaria, se obedecido, ao bem maior para o maior número. (V. tb. CONSEQÜENCIALISMO.)

V

Van Til, Cornelius (1896-1987). Teólogo reformado, nascido na Holanda e formado no Calvin College e no Seminário Teológico de Princeton, exerceu profunda influência sobre vários alunos no Seminário Westminster. Van Til defendeu o PRESSUPOSICIONALISMO, negando que a questão entre o cristianismo e seus rivais pudesse ser decidida pela invocação de fatos sobre os quais houvesse acordo. Em vez disso, ele argumentava que cada sistema de crenças é fundamentado numa pressuposição última, e o cristianismo fundamenta-se na REVELAÇÃO autocomprobatória do Deus trino. Os conceitos não-cristãos devem ser criticados pela exposição das contradições internas suscitadas por suas pressuposições inadequadas. (V. tb. EVIDENCIALISMO; EPISTEMOLOGIA REFORMADA).

vedanta advaíta. Forma não-dualista de teologia hindu, ou vedanta. De acordo com a vedanta advaíta, a realidade final é una — a unidade divina absoluta com Brama, que está além da capacidade descritiva das palavras. A alma — ou atmã — é idêntica a essa realidade absoluta, e a iluminação, ou libertação, envolve a percepção dessa unidade. Aparentemente, os objetos deste mundo são distintos da "individualidade" e de uma divindade pessoal. Segundo a vedanta advaíta, os textos hindus sagrados dos *Upanixades* ensinam que tais distinções não se aplicam à realidade metafísica última. (V. tb. HINDUÍSMO; MONISMO.)

verdade. O que corresponde à realidade ou adequadamente a expressa. A maior parte dos filósofos concebe a verdade somente como uma propriedade de proposições. A explicação mais comum sobre a verdade proposicional é a TEORIA DA CORRESPONDÊNCIA, que afirma que uma proposição é verdadeira se ela corresponder à forma como as coisas são. Posições concorrentes incluem a teoria da coerência, que vê a verdade como propriedade de uma proposição que é parte do sistema mais coerente de proposições, e a teoria pragmática, que define as verdadeiras proposições em termos de sua utilidade ao predizer a realidade e lidar com ela. A linguagem comum e a Bíblia usam o termo verdade de forma mais ampla. Assim, falamos sobre verdadeira amizade e verdade num relacionamento. Esse é o sentido em que Jesus diz, nos evangelhos, que sua vida é a verdade (declaração que Søren KIERKEGAARD tentou esclarecer com a afirmação de que a verdade é "subjetividade" ou "intimidade" — o sentimento interno que dirige a vida de uma pessoa ao que é genuíno). (V. tb. COERENTISMO; PRAGMATISMO; SUBJETIVISMO.)

verdades necessárias. Proposições cuja falsidade é logicamente impossível. Uma verdade necessária pode ser entendida (segundo Gottfried LEIBNIZ) como verdadeira em qualquer mundo possível. (Similarmente, as proposições contingentes são verdadeiras em pelo menos um mundo possível; necessariamente, as falsas proposições não são verdadeiras em nenhum mundo possível.) (V. tb. NECESSIDADE; VERDADE.)

verificação escatológica. Conceito segundo o qual a veracidade ou a falsidade de declarações religiosas é passível de verificação empírica — mas somente após a morte. John HICK desenvolveu esse conceito como resposta a um ataque do positivismo lógico, de que as pressuposições religiosas são cognitivamente insignificantes por não serem empiricamente verificáveis. (V. tb. EMPIRISMO; POSITIVISMO LÓGICO; LINGUAGEM RELIGIOSA.)

vida após a morte. Continuação da existência pessoal consciente após a morte. Tradicionalmente, a maioria dos cristãos ensina que a esperança pela vida após a morte baseia-se na promessa divina da ressurreição do corpo, apesar de a existência pessoal continuar entre a morte e a ressurreição em algum "estado intermediário", em que os que são salvos estão com Deus. Tal idéia implica a existência da alma separada do corpo. No século XX, alguns teólogos afirmaram que os cristãos deveriam adotar o conceito "fisicista" do ser humano (que identifica a pessoa e o corpo). Esse ponto de vista é incompatível com o estado intermediário e enfrenta um problema: como a pessoa ressuscitada fisicamente pode ser idêntica à pessoa que morreu se não há alma para provar essa identidade?

virtude. Disposição ou característica (V. CARÁTER) excelente por si mesma, ou boa, ou que tende ao BEM, sendo as virtudes morais excelências que incentivam o aprimoramento humano. Na ética filosófica antiga e medieval, o pensamento centrava-se nas virtudes — o que são, como se relacionam e como podem ser obtidas. Na Idade Média, aceitavam-se as virtudes cardeais do mundo antigo (sabedoria, justiça, coragem, temperança), às quais foram adicionadas as três principais virtudes cristãs (fé, esperança e amor). Os pensadores antigos e medievais ligavam a importância da virtude como incentivadora do aprimoramento humano ao desenvolvimento da natureza humana. A teoria ética recente tem sido uma redescoberta da importância das virtudes e do desenvolvimento da teoria da virtude, que declara que os conceitos de virtude são básicos para a ÉTICA e não-redutíveis a declarações sobre os deveres morais ou sobre o que é impessoalmente valioso.

visão beatífica. Estado de suprema felicidade ou bem-aventurança no qual a pessoa usufrui a percepção direta de Deus. Vários filósofos religiosos consideram a visão beatífica o bem supremo procurado pelos seres humanos, quer saibam isso quer não, apesar da opinião geral de que esse estado pode normalmente ser alcançado somente após a morte.

voluntarismo. Conceito filosófico que torna a escolha da vontade o aspecto essencial do entendimento de alguns fenômenos. Portanto, o voluntarismo, no que diz respeito às crenças, é a afirmação de que elas são escolhidas ou desejadas. O voluntarismo teológico afirma que a vontade de Deus é superior ou independente, de alguma forma, de seu intelecto. Por exemplo, o voluntarista teológico pode dizer que as coisas boas são boas porque Deus assim as quer, e a compreensão divina acerca da bondade é, portanto, dependente de sua vontade. Um ponto fraco do voluntarismo é a afirmação de que a vontade humana não é determinada pelo intelecto; assim, uma pessoa não escolhe necessariamente o que o entendimento percebe como melhor opção.

vontade de crer. Termo criado por William JAMES para designar a escolha religiosa que não é justificável por evidência, mas pelo caráter pragmático ou de melhora de vida pela escolha feita. James afirmava que a vontade de crer pode ser corretamente exercida somente quando uma pessoa escolhe entre duas opções em determinada situação em que a opção é "viva", "forçada" e "momentosa". Uma opção viva é aquela em que ambas as possibilidades são psicologicamente críveis (existe evidência suficiente para tornar a crença possível). Uma opção forçada é aquela em que se deve ter algum tipo de crença, pois logicamente existem só duas opções e cada uma tem implicações sobre como se deve viver. Uma opção momentosa é aquela em que as conseqüências da escolha são significativas. (V. tb. CRENÇA; PRAGMATISMO.)

W

Weil, Simone (1909-1943). Filósofa da religião e escritora francesa, aplicou as idéias do cristianismo ao problema do trabalho desassistido. Weil desenvolveu uma compreensão KENÓTICA da ENCARNAÇÃO de Jesus que conduziu ao conceito do próprio Deus revelado por meio do auto-esvaziamento. Os seguidores de Cristo podem dar sentido ao sofrimento humano pela renúncia à reivindicação de poder e penetrar nos sofrimentos de seus semelhantes.

Westphal, Merold (1940-). Um dos principais filósofos cristãos contemporâneos que provavelmente trabalhou mais que qualquer outro pensador para relacionar o ideário cristão com o pensamento pós-moderno. (V. PÓS-MODERNISMO.) Notável por suas obras sobre Georg W. F. HEGEL e Søren KIERKEGAARD, Westphal escreveu *Suspicion and faith*: the religious uses of modern atheism [*Suspeita e fé*: os usos religiosos do ateísmo moderno], em que ele demonstra como os cristãos podem se valer das críticas ao cristianismo feitas por Karl MARX, Sigmund FREUD e Friedrich NIETZSCHE.

Whitehead, Alfred North (1861-1947). Lógico, matemático e filósofo, cuja obra metafísica serviu de inspiração para a TEOLOGIA DO PROCESSO. Whitehead tornou-se famoso, inicialmente, pela co-autoria com Bertand RUSSELL de *Principia mathematica* [*Princípios matemáticos*], uma das obras seminais de lógica simbólica. As obras posteriores de caráter metafísico tentavam rejeitar a noção de SUBSTÂNCIA como filosoficamente básica por meio do emprego de fatos organicamente relacionados como próprios da ONTOLOGIA. Deus atua nesse sistema não como agente pessoal, mas como a base de que conduz à realização de possibilidades e de um ideal atraente.

wicca. Religião baseada na feitiçaria e na restauração de práticas pagãs. Seus adeptos negam que sua religião envolva a adoração a Satanás e se vêem como estimuladores de uma religião que aproxima as pessoas da natureza e afirma alguns elementos do PAGANISMO, como a adoração da "deusa" — uma prática ligada a formas de pensamento feminista radical. (V. tb. FEMINISMO.)

Wittgenstein, Ludwig (1889-1951). Filósofo nascido na Áustria, exerceu impacto profundo sobre a filosofia anglo-americana. Bem cedo em sua carreira, Wittgenstein expôs uma teoria pictórica do significado que compreendia as proposições complexas como funções de "proposições atômicas" que descreviam "fatos atômicos". De acordo com esse conceito, as proposições éticas e religiosas pertencem ao "místico", e não podem ser expressas pela linguagem. Mais tarde, desenvolveu uma teoria mais flexível sobre a linguagem, que enfatizava como o significado é uma função do uso. Palavras são usadas em contextos diferentes como parte de "jogos lingüísticos", e o significado deve situar-se com referência a esse jogo lingüístico e a forma de vida em que o jogo se encontra. Alguns dos pensamentos posteriores de Wittgenstein sobre a religião tornaram-se um tipo de FIDEÍSMO wittgensteiniano, que destacava a autonomia do jogo lingüístico religioso e negava a necessidade de qualquer justificação da crença religiosa. No pensamento de alguns de seus proponentes, entretanto, este conceito está ligado ao ANTI-REALISMO religioso, no qual as proposições religiosas não estabelecem fatos objetivamente verdadeiros ou falsos. (V. tb. FILOSOFIA ANALÍTICA; LINGUAGEM RELIGIOSA [TEORIAS DA].)

Wolterstorff, Nicholas (1932-). Proeminente filósofo cristão contemporâneo, um dos fundadores da EPISTEMOLOGIA RE-

FORMADA, colega de Alvin PLANTINGA no Calvin College antes de aceitar uma cadeira no Seminário Teológico de Yale. Além de sua obra sobre a EPISTEMOLOGIA, Wolterstorff tem escrito importantes trabalhos sobre a estética, a teoria dos universais e a REVELAÇÃO. Ele é conhecido por muitas pessoas como o autor do livro pessoal e pungente *Lament for a son* [*Lamento por um filho*].

Z

zen-budismo. Forma de BUDISMO originária da China e que se difundiu no Japão. O zen-budismo é uma forma de budismo maaiana que afirma a possibilidade de se atingir o estado búdico por meio de vários ensinamentos e exercícios esotéricos. Os ensinamentos do zen não fornecem uma explicação direta, e seus adeptos declaram que o caminho para a iluminação não pode ser descrito discursivamente.

zoroastrismo. Religião da Pérsia antiga (Irã) que dominou a região antes do advento do islã, mas que hoje constitui um grupo minoritário. Esta religião recebeu seu nome do profeta Zoroastro (ou Zaratustra), cujas datas de nascimento e morte são desconhecidas. O zoroastrismo tornou-se religião oficial da Pérsia do século III a.C. até o século VII d.C. É caracterizado pelo DUALISMO, segundo o qual Ahura Mazda, deus da luz e do bem, luta para sobrepujar um poderoso espírito maligno, apesar de os zoroastristas contemporâneos afirmar que são monoteístas e não considerar o mundo físico necessariamente mau, como no dualismo ontológico do MANIQUEÍSMO.

Outros minidicionários

Dicionário gramatical do grego do Novo Testamento
Matthew S. DeMoss

Dicionário de estudos bíblicos
Arthur G. Patzia e Anthony J. Petrotta

Dicionário de religiões e crenças modernas
Irving Hexham

Dicionário de teologia
Stanley J. Grenz e David Guretzki

Esta obra foi composta em Casablanca e impressa por
Imprensa da Fé sobre papel Off-Set
para Editora Vida.